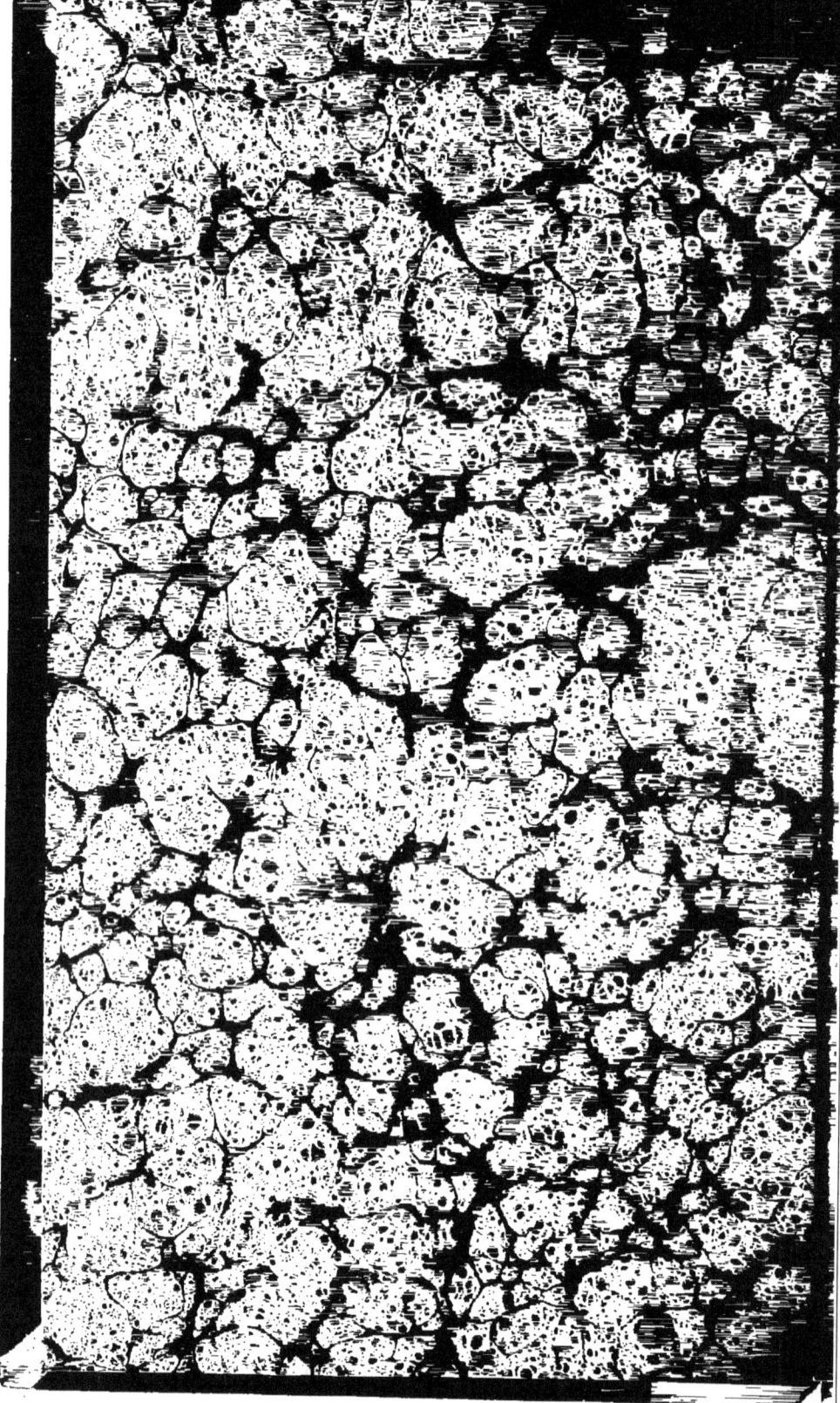

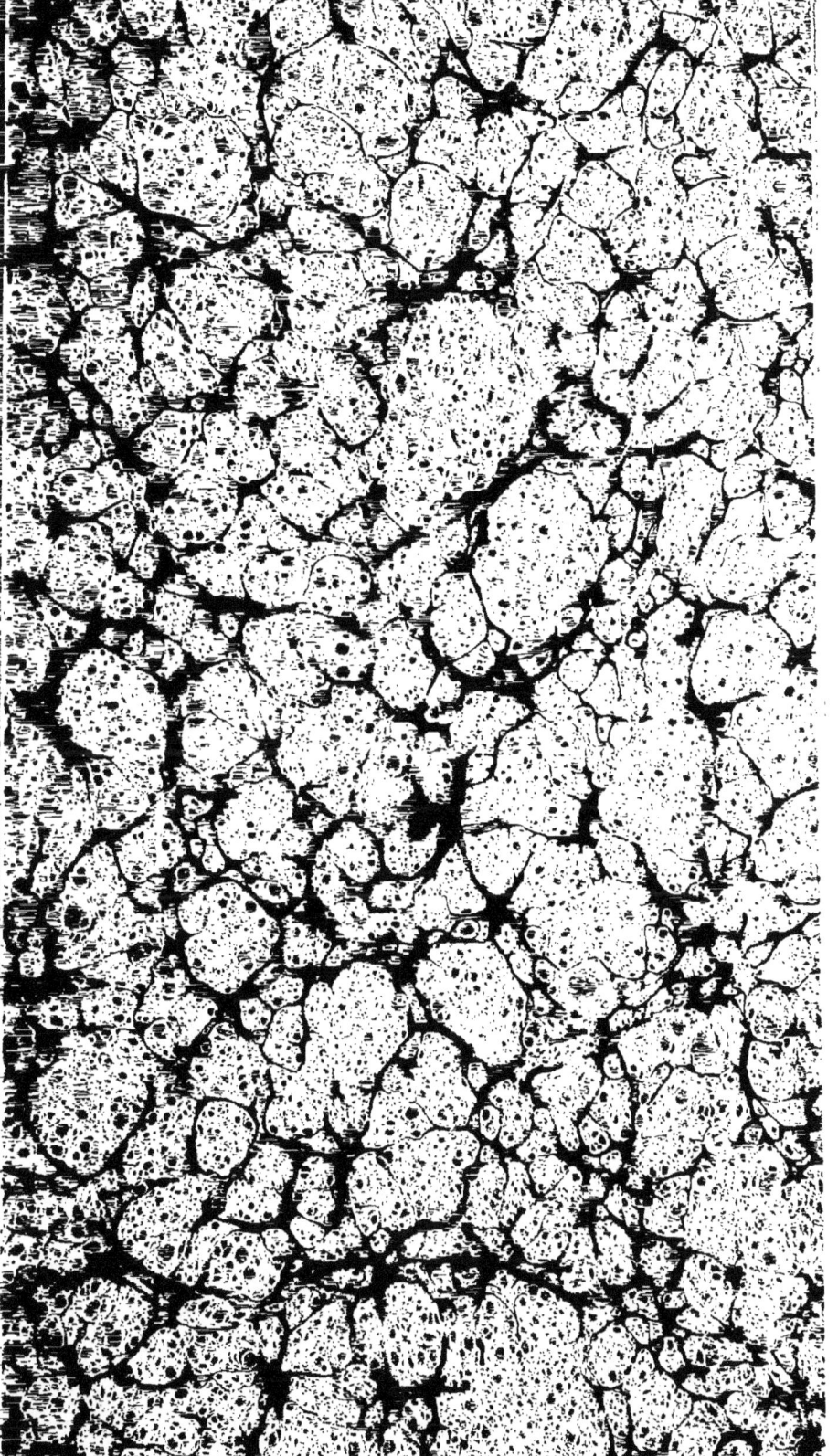

G

19/29

BIBLIOTHÈQUE SPÉCIALE DE LA JEUNESSE

APPROUVÉE

Par S. A. Em. Monseigneur le Cardinal

PRINCE DE CROŸ,

ARCHEVÊQUE DE ROUEN, PRIMAT DE NORMANDIE, ETC.

J'ai lu, par ordre de S. A. Em. Monseigneur le Cardinal Prince de CROŸ, Archevêque de Rouen, primat de Normandie, un ouvrage intitulé : *les Voyages modernes*, 2 volumes par Madame Laure Bernard, et je n'y ai rien trouvé de contraire à la foi et à la morale catholique.

Rouen, le 20 août 1842.

Lajeune

Chanoine, Professeur à la Faculté de théologie.

Se trouve aussi :

A PARIS et a LYON, chez PERISSE frères.

Le Cap. Un Enfant pris par les Orang-Outangs

LES VOYAGES MODERNES

Racontés à la Jeunesse

Par Mad. Laure Bernard

D'après M.M. Lamartine, Niebuhr, Caillé, Spix & Martius, Basil Hall, Burckhardt, Sir John Malcolm &c.

Tom. 1er.

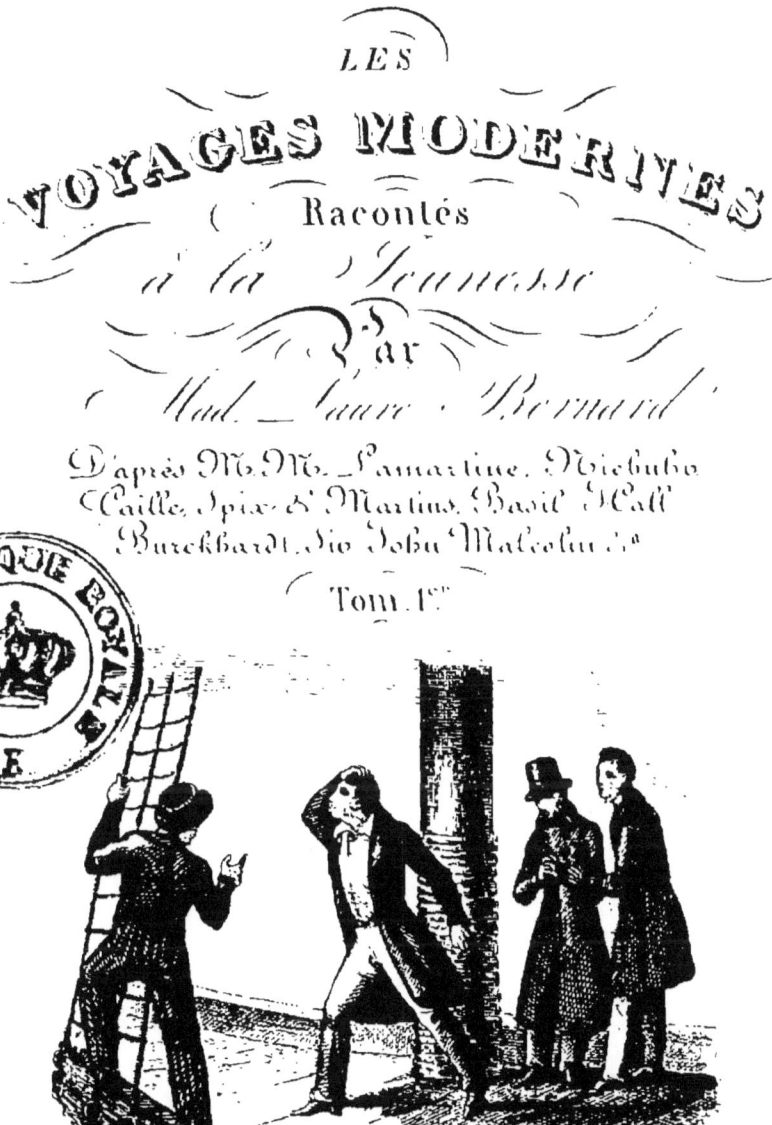

PARIS.
Librairie de l'Enfance & de la Jeunesse
LEHUBY
Rue de Seine N° 53 F. S. G.

1840

INTRODUCTION.

Il n'est point de lecture plus attrayante pour la jeunesse que celle des voyages dans les contrées lointaines. Pourquoi cela? Cette préférence, cet entraînement s'expliquent par une sorte de fascination qu'exercent ces grands récits sur de jeunes imaginations. Le lecteur aime à s'identifier avec le héros d'un voyage; à son insu, il s'attache tellement à la fortune du voyageur, qu'il s'embarque avec lui, partage tous ses dangers, s'enorgueillit naïvement de son courage, sans toutefois courir le risque de se mouiller les pieds; endure avec son compagnon le froid, le chaud, la faim, la soif, sans éprouver le moindre malaise; il découvre l'Amérique avec Christophe Colomb, il double le cap des Tempêtes avec Vasco de Gama; il reconnaît avec l'infortuné Lapérouse que le prétendu détroit de Jesso n'est qu'un golfe profond. Il est tout heureux de ses connaissances; il peut du moins parler de l'Amérique, de l'Afrique ou de l'Océanie, comme s'il avait exploité leurs rivages, comme s'il avait parcouru leurs déserts!

Mais, ce qu'il y a de plus intéressant, c'est que ce goût, outre l'agrément qu'il procure et qui s'entretient, produit une incontestable utilité. Il dépose dans l'esprit des jeunes lecteurs des notions plus ou moins exactes sur les mœurs des peuples, sur les lieux qu'ils habitent, sur leurs religions, leurs superstitions, leurs usages, leurs habitudes; il commence, comme en se jouant, à s'initier aux divers caractères des peuples, et fait, sans s'en douter, une précieuse réserve qui doit tourner bientôt au profit de son éducation morale.

C'est donc une idée très ingénieuse qui a conduit Mme Laure Bernard à faire un choix instructif et amusant dans les voyageurs les plus modernes et les plus célèbres.

Si nos travaux pour la jeunesse, travaux si heureusement récompensés par la bienveillante confiance des familles, si ces travaux, disons-nous, nous donnent le droit de formuler publiquement notre opinion sur cet ouvrage, nous dirons sans réticence, comme sans arrière-pensée, que les *Voyages modernes* nous paraissent avoir été rédigés avec une sage intelligence; que l'auteur sait choisir avec un discernement exquis; qu'elle écarte avec soin tout ce qui pourrait être dangereux ou ennuyeux. C'est le travail de l'abeille extrayant le meilleur suc des fleurs pour en composer son miel odorant et salutaire. Il se trouve souvent dans les voyageurs exploités par Mme Laure Bernard des particularités, des réflexions qui ne conviendraient point à de jeunes lecteurs ou qui dépasseraient leur intelligence. Ce sont ces choses-là qu'elle a négligées avec intention. Elle s'est bornée à saisir les traits de mœurs les plus saillants recueillis par ces modernes explorateurs. Elle a fait, de cette sorte, une œuvre attachante pour la jeunesse, intéressante pour son éducation, et je dirai même agréable pour tous les âges.

Ch.

VOYAGES MODERNES.

TERRE-NEUVE. — LE CANADA.

Tant que dura l'enfance d'Ivan Hervey, tous les amis et les parents du jeune homme, blamèrent sa mère de l'excessive faiblesse qu'elle montrait à l'égard de son fils, et chacun prédisait du malheur pour l'avenir à madame Hervey et à son élève.

Quand Ivan entendait ces pronostics, il trouvait fort mauvais qu'on se mêlât de ce qui ne regardait que lui et sa mère : il ne manquait pas d'affecter alors plus d'indépendance dans ses manières, et une insouciance plus complète de cet avenir dont on lui parlait. Ivan n'apprenait rien, mais il était leste, courageux, de bonne mine, jouait mille tours à ses maîtres, aux personnes âgées de sa petite ville; et, comme il trouvait toujours quelque rieur prêt à s'amuser de ses sottises, il se contentait de cette sorte d'approbation, et fermait les oreilles à tout avis raisonnable.

A seize ans, le jeune Hervey abandonna ses

études; sa mère et lui ne pouvaient disconvenir que suivre plus longtemps le collége était du temps bien perdu. Par quoi remplacerait-on néanmoins ce semblant d'occupation? La mère ni le fils ne s'en mirent point en peine. On verrait plus tard : une heureuse circonstance pouvait se présenter; en attendant, Ivan allait jouir de sa jeunesse, et sa mère gâter à loisir son aimable enfant.

D'abord Ivan s'établit en effet auprès de sa mère, et semblait disposé à ne plus la quitter; seulement il ne pensait jamais qu'à son propre bien-être, se laissait choyer avec une confiance parfaite dans le plaisir que de pareils soins devaient procurer à madame Hervey. Il lui fallait des repas selon son goût particulier. Si les jours de fête il ne trouvait pas ses habits prêts, on l'entendait se plaindre, s'emporter contre la vieille servante, chargée seule de tous les soins domestiques; et s'il manquait un bouton à son gilet, si sa cravatte n'était pas assez ferme, c'était contre sa mère que tournaient ses plaintes. Madame Hervey sentait bien alors que les manières de son fils tendaient au despotisme. Elle se fâchait, revendiquait ses droits abandonnés depuis longtemps, et s'empressait, malgré ses justes reproches, de réparer l'oubli dont son fils se plaignait. Son humeur durait quelques instants; elle s'avouait que ses amis pouvaient bien avoir raison contre elle; mais quand Ivan reparaissait dans son costume complet, toute la colère maternelle s'évanouissait devant l'air de contentement et de bonne santé de son unique enfant. Alors elle s'habillait à son tour du mieux qu'elle pouvait, et se rendait glorieusement à la messe, conduite par Ivan. De là, ils se promenaient dans les allées étroites et encore privées d'ombre d'une place, rendez-vous de toute la bourgeoisie de la petite ville, les dimanches après la messe. Il fallait bientôt rentrer pour songer aux détails du dîner. Ivan prenait quelque livre inutile, sinon mauvais, et attendait, moitié lisant, moitié dormant, que la soupe fut établie entre le couvert de sa mère et le sien. A table il mangeait copieusement, buvait de même, malgré les observations de sa mère; et leur repas achevé, ils allaient rejoindre quelque société du voisinage, pour se promener et s'amuser le reste de l'après-midi. Madame Hervey aurait préféré se rendre à vêpres; mais à quoi lui servait-il de conduire son fils à l'église? Ivan était un garçon trop spirituel pour se mettre à genoux auprès de sa mère, ou même garder une tenue décente dans le lieu consacré au culte. Pendant que sa pauvre mère priait à mains jointes le Seigneur de lui épargner les maux dont elle entrevoyait la perspective, qu'elle s'accusait dans son cœur d'avoir mal dirigé son fils, et de se sentir trop faible désormais pour réprimer ses défauts établis, Ivan se promenait dans les ailes de l'église en passant la main entre ses cheveux, s'arrêtant à ricaner devant la chair ou près des jeunes gens de sa connaissance. C'était donc lui épargner l'occasion de se montrer sous un mauvais jour de ne pas le conduire à léglise plus souvent que la stricte observation des devoirs religieux ne l'exigeait.

A suivre les progrès du genre de vie d'Ivan, on aurait pu penser que les prières de la mère inquiète étaient perdues devant Dieu. Mais les desseins de la Providence sont lents, ses moyens infinis, et l'expérience de la vie pouvait devenir salutaire au jeune homme dont l'enfance avait été trop négligée.

Pendant deux ou trois mois, Ivan se contenta des distractions que sa mère lui offrait; puis il forma des liaisons avec des jeunes gens plus âgés que lui, se laissa entraîner par leurs exemples, fréquenta les cafés, joua, fit des dettes. Madame Hervey paya, non sans gronder et surtout sans verser des larmes. Ivan y fut sensible tant que durèrent les embarras que ses fautes causèrent à sa mère; une fois les emprunts arrangés et la sécurité revenue, les folies recommencèrent et allèrent même en s'aggravant.

— Vous le voyez, disait-on à madame Hervey, votre fils devient aussi mauvais sujet qu'on l'avait prédit. Il va vous ruiner; tâchez donc de le placer quelque part, l'oisiveté le perd.

— C'est bon, disait la pauvre mère en cachant son désespoir sous un air de sécurité, laissez-moi faire; je le ramènerai facilement dans le bon chemin. Ne faut-il pas que jeunesse se passe? mon fils n'est ni pire ni meilleur que les autres; avec le temps il s'amendera. Le jeune Durand, Bertin, Guillaume et tant d'autres de notre ville ont débuté comme cela : vous voyez comme ils sont rangés à présent; Ivan en fera autant, c'est moi qui vous le dis.

— Vous ne tenez pas compte, ma bonne dame, reprenait la donneuse d'avis, de la différente manière dont cela s'est passé. Quand Durand a fait sa première folie, son père l'a si rudement tancé qu'il n'a pas été tenté d'y revenir. Pour Bertin, on l'a fait engager, et cinq années passées dans un régiment lui ont en effet donné du bon sens. Guillaume était un garçon de mérite, grand travailleur; il y a de la ressource quand le fonds est solide. Les dettes qu'il avait contractées à Paris, il les a payées sur ses économies depuis son retour auprès de sa mère. C'est une femme de tête celle-là, qui ne se laissera pas mener par l'enfant qu'elle a nourri. Voyez-la chez elle : sa bru ni son fils n'ont jamais osé parler haut en sa présence. Ma pauvre madame Hervey, vous n'êtes pas au bout de vos peines.

Les mêmes avis, les mêmes prévisions, étaient présentés de mille manières détournées à la mère d'Ivan. Elle défendait son fils devant les étrangers; mais au coin du foyer elle lui répétait tout ce qui lui avait été dit, et rendait alors pleine justice au jugement de ses voisins. Ivan s'en offensait, s'ennuyait d'être grondé, et saisissait toutes les occasions possibles de se soustraire à de fastidieuses remontrances. De leur côté, les anciens amis de madame Hervey déploraient entre eux son aveuglement maternel, car ils étaient dupes de ses réponses au sujet de son fils. Elle avait cessé presque toutes ses relations de voisinage pour mieux s'identifier à l'existence d'Ivan; et lorsqu'il commença à l'abandonner, elle eut tout le loisir de donner cours en secret aux larmes que la légèreté de son fils lui faisait répandre.

Malgré les vives inquiétudes que madame Hervey ressentait, elle avait encore quelques jours heureux pour sa tendresse; il ne se faisait pas une partie de campagne dans sa petite ville sans qu'Ivan fût prié d'y venir. Son rôle, en pareille circonstance, tenait le milieu entre celui de bouffon et de jouet de la société dont il faisait partie : il portait les paniers de provisions, les ombrelles ou les parapluies, disait des joyeusetés qui donnaient lieu à des volées d'éclats de rire, autant à ses dépens qu'à ceux du grand-papa dont il tirait la perruque, ou bien il imitait le chant du coq et assurait qu'un poulait vivant s'était glissé dans son pannier; les jeunes filles venaient y regarder d'un air de doute : l'inspection faite, Ivan jurait qu'un poulet rôti avait poussé le cri entendu. A voir toutes les mères rire aussi bien que leurs filles de ces plaisanteries, madame Ivan en prenait quelque nuance d'orgueil pour son aimable enfant; mais bientôt Ivan laissait chacun en prolongeant trop longtemps cette jonglerie; on avait la tête fendue de ses *coq-héri-oco*; les jeunes filles se sauvaient de lui en se bouchant les oreilles, et le jeune présomptueux prenait cela pour des marques d'assentiment. Dans le fait, il impatientait et il égayait tout à la fois. Le temps s'écoulait ainsi : Ivan ne trouvait aucun emploi digne de lui, et nul homme sérieux ne se souciait d'introduire dans son intérieur un écervelé comme l'était le jeune Hervey. L'oisiveté acheva de le perdre : il se livra à la plus mauvaise compagnie, emprunta à des intérêts usuraires sur le modeste héritage que sa mère lui gardait. Contre des chagrins aussi vifs, madame Hervey n'avait de ressource que dans la prière et dans les larmes ; elle demandait pardon à Dieu de sa faiblesse passée, et le suppliait de détourner de la tête de son fils le châtiment qu'elle s'était attiré. Soin inutile en apparence ! Ivan ajoutait chaque jour de nouvelles folies à ses folies passées, et madame Hervey se sentait dépérir, minée par le chagrin.

En peu de temps sa destinée s'accomplit : elle mourut. Ivan la pleura en toute sincérité, et sentit même confusément qu'il pouvait bien avoir hâté par sa conduite la fin de sa mère. A la grande surprise des amis de madame Hervey, on le vit prendre tout à coup un meilleur genre de vie, et renoncer aux goûts qui avaient mortellement affligé le cœur de la pauvre femme. Ivan se trouvait majeur. Ses dettes payées, les biens vendus, car il lui fallut en venir là pour faire honneur à ses engagements, il lui revint environ 12,000 fr. : il fallait les utiliser ou bien les dépenser jusqu'au bout, et puis après trouver dans ses propres ressources un moyen d'existence. Le passé avait suffisamment appris à Ivan qu'il ne savait rien et manquait surtout d'aptitude pour s'attacher à un état. L'important était donc de trouver un placement avantageux pour ses 12,000 fr., dont le revenu serait cependant insuffisant à le faire vivre.

Les héritiers mauvais sujets, ainsi que les esprits faibles ne manquent point auprès d'eux de perfides conseillers qui exploitent leur sottise et en tirent bon parti; Ivan tomba dans la dépendance d'un de ces fripons, et lui remit bientôt sa petite fortune entre les mains. L'ignorance, la présomption et le désir de s'enrichir contribuèrent à livrer le fils de madame Hervey aux ruses de son compagnon.

— Me voilà devenu un pauvre garçon, disait un jour Ivan à son prétendu ami en buvant une bouteille de bière avec lui ; 12,000 fr. une fois payés, avec cela il ne me sera plus permis de me donner le moindre plaisir. Je porterai des habits grossiers, trop heureux encore si le pain ne vient pas à me manquer !

— Douze mille francs ! répéta Frédéric (c'était le nom de son camarade); si je les avais, je ne serais pas embarrassé de mon avenir.

— Allons donc ! dit Ivan ; c'est se moquer de moi de me trouver riche avec si peu.

— Douze mille francs seraient pour moi la clé d'un trésor, continua Frédéric; la somme en elle-même est peu de chose, elle ne deviendrait importante que par l'usage que j'en ferais.

— Oui, reprit Ivan, les risquer et les perdre : il ne me manquerait plus que cela. Cependant si je les mets chez un capitaliste, il m'en paiera une rente de 600 fr. tout au plus; si j'achète un coin de terre, il faut le labourer moi-même pour en tirer de quoi vivre.

— Si j'avais 12,000 fr., moi, reprit Frédéric, ce serait bien de la terre que j'achèterais, et le revenu ne me ferait pas faute.

— Bon ! comment t'y prendrais-tu ?

— Mon pauvre Ivan, on n'a pas grand plaisir à te parler de ce qu'on a vu, à toi, qui n'as jamais quitté ton village, et qui ne sais rien des richesses qui abondent en d'autres pays.

— S'il faut confier ma fortune à des gens de mer, bien obligé, j'aurais trop peur de ne jamais la voir revenir.

— Véritable enfantillage que cette idée. D'ailleurs, je ne te parle pas de cela; car, si j'avais quelque argent à moi, au lieu de le remettre à qui que ce soit, j'irais moi-même sur les lieux où l'on est sûr de faire sa fortune.

— Y a-t-il vraiment de semblables pays ?

— Oui, certes; et je pourrais t'en offrir de belles preuves aujourd'hui, si je n'avais pas eu le malheur de perdre, par ma faute, les moyens de réaliser un capital incalculable.

— Tu ne m'as pas encore parlé d'un évènement aussi important; comment cela se fait-il ?

— Ivan, c'est un secret que je vais confier à ta

discrétion; jure-moi de ne jamais révéler ce que tu entendras, quelque parti que tu puisses en tirer.

— Je te jure de garder le silence, reprit Ivan, fortement agité par la curiosité.

— Eh bien! écoute mon histoire. J'étais jeune comme toi, et à peu près dans la même situation de fortune, lorsque je perdis mon père; car moi, c'était mon père qui avait survécu à ma mère, et puis, au lieu de 12,000 fr. que tu as, il m'en restait 20,000. Mon père était marin : il commandait un bâtiment de commerce. Au retour de son dernier voyage, il arriva assez malade, et, sentant sa fin approcher, il m'appela seul près de lui et me parla ainsi : « Frédéric, je vais mourir; je te laisse bien jeune sans appui; mon héritage est peu de chose. Toutefois, si tu ne manques pas de courage, tu iras recueillir toi-même l'immense fortune que je comptais te rapporter à mon premier voyage. J'ai découvert une mine d'or si abondante, que les trésors de tous les rois ne sont rien en comparaison des richesses qu'on peut tirer de cette mine. Elle est cachée sur une côte déserte où le mauvais temps m'a forcé de relâcher après mon départ du Brésil.

« Nous étions campés sur le bord de la mer : une montagne s'élevait non loin de la plage, je m'y aventurai sans projet. En marchant dans un sentier escarpé, je m'accrochai à des plantes buissonnières pour ne pas perdre l'équilibre; un petit arbrisseau céda avec ses racines, et je faillis rouler en bas de la montagne. Après cet accident, j'eus le bonheur de ratrapper un autre point d'appui, et ma joie peut difficilement se rendre quand je vis un lingot d'or se montrer à la place que je venais d'entr'ouvrir en arrachant la plante, bien malgré moi. Dans le premier moment, j'aurais voulu appeler tout le monde auprès de moi pour faire part de ma découverte; la réflexion me conseilla mieux. Quel que fût le sort qui m'attendît par cette fortune imprévue, je ne pouvais pas abandonner sur la côte les passagers embarqués sur mon navire; eux, au contraire, étaient libre de me quitter et de regagner les pays habités en parcourant le littoral. Emporter l'or que nous parviendrions à détacher de la montagne ne suffirait pas à l'ambition de tous, et la propriété de la mine m'échappait si un des voyageurs tentait de l'exploiter en mon absence. Par malheur, le lingot même qui s'était offert à mes regards se trouvait, par la chute de la plante, placé en un endroit inaccessible; il fallait me contenter de voir l'or reluire à mes yeux; l'atteindre était impossible. Je regardai vingt fois la pente de la montagne et mon trésor; le moindre ébranlement donné me précipitait infailliblement à six cents pieds de terre. J'y renonçai; mais, mon fils, continua mon père, j'ai marqué les approches de cet endroit en y laissant un bâton surmonté d'un mouchoir rouge, que le temps n'a pas pu détruire encore; et avant de quitter la côte, j'ai fidèlement copié le lieu de notre relâche sur un dessin que je vais te donner. Avec ces indications, tu pourras partir, ta fortune est faite. Je suis seulement bien malheureux de ne pas vivre assez pour en jouir avec toi. »

— L'or vient-il donc dans les montagnes du Brésil? demanda Ivan stupéfait, ou bien quelqu'un avait-il caché là sa fortune?

— Mon père avait trouvé une mine, te dis-je; cela vient naturellement dans les montagnes. L'or, les diamants et les pierres précieuses doivent abonder dans ce même lieu.

— Tu n'as peut-être pas su trouver la montagne? dit Ivan.

— Je ne suis pas parti, répondit Frédéric d'un air accablé.

— Tu n'est pas parti!

— Non, après les espérances que m'avait données mon père, 20,000 fr. me pururent si peu de chose à recueillir, que je n'en tins aucun compte, et je les dépensai follement. « Pourvu qu'il me reste de quoi payer mon voyage, disais-je, le reste m'inquiète assez peu. » J'étais sans expérience; je me laissai entraîner à jouer sans plaisir, sans passion même, car je ne pensais qu'à la mine du Brésil; les gains du jeu étaient bien mesquins à côté de ce trésor. Un soir je laissai entamer la somme que je devais garder; par dépit, je voulus rattraper l'argent perdu, et je sortis ruiné de cette fatale séance.

— Quel malheur! dit Ivan.

— Aussi ai-je le jeu en horreur. Je ne continue à tenir les cartes que dans l'espoir de rattraper à 6,000 fr. comme je les ai perdus. La chance revenue, on ne me verra plus m'approcher d'un tapis vert. Si un ami me prêtait l'argent qu'il me faut, je lui en paierais l'intérêt à un taux qui n'a jamais été offert, et je suis même en marché avec un banquier de Paris pour cela. Je lui ai dit mon secret sans entrer dans les mêmes détails qu'avec toi. Il m'offre de conclure, si je veux m'expliquer tout à fait. Il a connu mon père; je lui inspire de mon côté une grande confiance; mais croirais-tu qu'il veut venir avec moi? Lui compter les 500,000 fr. qu'il demande, c'est la moindre des choses : je n'y attache aucune importance quand j'aurai pris possession de la mine; mais, me donner un compagnon aussi puissant avec moi, c'est m'exposer à être expulsé de ma propriété, et je n'ose pas.

— Combien lui demandes-tu donc, à ce banquier?

— Je te le dis : de 5 à 6,000 fr.

— Mais moi, dit timidement Ivan, je te les prêterais bien aux mêmes conditions.

— Si c'était toi, mon cher Ivan, je ne ferais aucune difficulté de me mettre en route avec un aussi bon camarade.

— Rien ne me retient ici.

— Allons, voilà qui est dit : je vais refuser mon banquier. Mais, écoute-moi : même entre amis, il faut prendre ses précautions. Nous allons vivre ensemble dès aujourd'hui comme deux frères; je serai dépositaire d'une partie de nos fonds communs : seulement, pour nous mettre en règle, je te ferai un billet de la moitié ou du total de la somme, payable dans un an, si tu n'aimes mieux, entends bien cela, un partage de moitié dans les entreprises que nous pourrons faire avec ton capital; car, avec toi, ce n'est pas par 100,000 fr. que je compterai quand il s'agira de reconnaître le service que tu me rends; je veux mettre mes richesses en commun dans l'avenir, comme tu me donnes aujourd'hui une part dans ton petit héritage.

De pareilles offres et la preuve d'un si parfait désintéressement ne permettaient point au soupçon d'approcher. Ivan pressa même Frédéric de se hâter de rompre avec le banquier, qu'il lui tardait de voir hors de cette affaire.

—Il est bien vrai qu'il me donnerait dix fois plus de fonds que tu ne peux m'en fournir, disait impudemment Frédéric; mais l'absence d'un bon camarade comme toi m'exposerait peut-être à livrer mon secret entre des mains infidèles. Tu me sauves; je ne saurai jamais assez payer ta confiance.

Entraîné par sa crédulité, Ivan mit tout le zèle possible à hâter les préparatifs de son départ. Il était convenu que les deux associés s'embarqueraient au Hâvre. Dans le voyage qui les conduisit à ce port, Frédéric commença à parler de la nécessité d'économiser le fonds commun : il reprochait à Ivan la moindre dépense, trouvait trop coûteux chaque repas commandé par lui, s'impatientait quand il lui voyait répandre quelque aumône ou bien donner des pourboires à ceux qui leur rendaient service. D'autres fois encore, Frédéric blâmait le peu de prudence qu'Ivan mettait à cacher leur situation financière. Par lassitude de tant de remontrances, le jeune Hervey pria son compagnon de prendre à lui seul les charges de caissier et d'économe, le croyant en effet plus expérimenté que lui sur ces divers points. D'ailleurs, quelle importance pouvait mettre Ivan à conserver une chétive somme de 10,000 fr., lorsque Frédéric ne cessait de l'entretenir de la découverte de son père, et de lui conter mille fables ridicules sur la facilité avec laquelle on trouvait l'or et les pierres précieuses en parcourant la chaîne des montagnes du Brésil ? Le rusé Frédéric affectait bien la même indifférence quant à la valeur du pécule qu'ils emportaient ; mais il rappelait à son camarade que cet argent devait les conduire vers le lieu où tendaient leurs espérances, et payer les dépenses préparatoires de l'exploitation de la mine. De pareilles raisons étaient sans réplique pour un esprit fasciné, et l'impatience d'Ivan augmentait chaque jour d'atteindre le port tant désiré.

— Quand nous aurons mis la main à l'œuvre, disait Frédéric pour encourager son compagnon dans les habitudes frugales qu'il lui imposait, vous me verrez autrement grand seigneur que vous n'en avez l'idée. Une fois que notre exploitation sera commencée, j'entends bien ne loger que dans des palais dorés à l'extérieur, où nos vitres seront encadrées de pierres précieuses, tandis que les plus riches étoffes, des meubles aussi magnifiques qu'il sera possible de les inventer, orneront nos appartements. Quant à nos vêtements, un roi de France dans ses jours d'apparat ne pourra rien mettre qui soit digne de nos costumes habituels.

A l'aide de ces forfanteries, Frédéric faisait prendre patience à Ivan : la fiction perpétuelle dans laquelle il entretenait son esprit laissait passer inaperçues les privations de chaque jour. Il s'éloignait bravement des meilleures auberges, pour aller chercher son gîte dans quelque misérable réduit, parmi des gens sans aveu. Le futur millionnaire comptait pour rien le présent, et n'avait souci que de l'avenir. Bien des gens de la petite ville où était morte madame Hervey commencèrent à pronostiquer malheur à Ivan, en le sachant parti en si mauvaise compagnie. — Il était bien temps, disait-on, que la pauvre femme mourût, afin de ne pas voir son cher fils faire une mauvaise fin.

— Bah! reprenait une autre femme, madame Hervey méritait grandement tous les chagrins qu'elle a eus; c'est pitié d'avoir élevé un garçon comme elle a fait du sien.

— Seigneur! la pauvre dame, elle n'a pas manqué d'en avoir du chagrin. Le bon Dieu a voulu retirer sa pauvre âme, parce qu'il voyait bien qu'elle ne pouvait pas changer le cœur d'Ivan. On ne saurait dire combien madame Hervey a offert de cierges et dit de neuvaines pour la conversion de son fils.

— Tout cela a servi à grand'chose, disait un homme qui se prétendait esprit fort; Dieu a bien autre chose à faire que de s'occuper à écouter les jérémiades qu'on lui adresse. Madame Hervey a mal élevé Ivan, le jeune homme est devenu un vaurien : c'est ce que la Providence n'a pu ni changer, ni empêcher.

— Eh bien! moi, assurait une tante d'Ivan, je n'ai pas perdu tout espoir pour mon neveu : il ne manque pas de cœur, au fond, et son dernier sou mangé, je parie qu'il s'apercevra que Dieu lui a donné des bras pour travailler. C'est moi qui ai fermé les yeux à ma cousine, et je puis affirmer qu'avant d'expirer elle m'a dit qu'elle mourait tranquille, parce qu'elle sentait bien que Dieu n'abandonnerait pas son fils.

— Bon, reprit l'esprit fort, ce sera une chose à voir; et si la prédiction se vérifie, je m'engage le premier à publier ce miracle.

Ce n'est pas ordinairement en soignant l'existence temporelle des esprits égarés que la Providence manifeste sa protection à leur égard. Toutefois les hommes sont inhabiles à expliquer les causes des événements, surtout quand les idées religieuses se perdent. L'opinion de la tante d'Ivan parut ridicule; elle-même n'avait plus rien à dire à l'appui de sa conviction. Elle se retira tristement, et un peu ébranlée par les pronostics qu'elle venait d'entendre.

Le voyage d'Ivan était terminé : il venait d'arriver au Havre. Sa curiosité s'éveilla à la vue des navires, des divers mouvements du port, et surtout en présence de la mer. Frédéric ne pouvait plus le retenir comme par le passé, et cependant il n'avait jamais été plus important pour lui d'éloigner sa dupe de tout conseil. Il arriva même un jour qu'Ivan sortit seul. A son retour à l'auberge, il trouva Frédéric sombre et inquiet, et pour le rappeler à la bonne humeur, il lui dit — Mon cher ami, nous sommes trop heureux ; je viens d'apprendre qu'un navire partait pour le Brésil. Nous n'avons qu'à aller prendre nos passages. Je n'ai pas voulu m'exposer à vous déplaire en entrant en arrangement sans vous ; mais venez au plus tôt voir le capitaine avec moi.

Frédéric se troubla visiblement à cette proposition.

— Parlez donc ? s'écria Ivan : quel obstacle pourrait nous retenir ?

— Je suis bien malheureux, dit Frédéric en baissant les yeux, notre projet est à peu près manqué. Heureusement que vos fonds restent intacts ; reprenez-les donc, et ne songez plus à ce que je vous ai dit.

— Mon cher Frédéric, de grâce, ne m'abandonnez pas, je vous en conjure. Hélas ! si j'avais encore quelque chose à moi, je vous le donnerais avec la même confiance. A-t-on découvert votre mine ? Le banquier de Paris renouvelle-t-il ses offres ?

— C'est cela, dit vivement Frédéric ; il sait que

je suis ici; je l'ai rencontré, et il a malheureusement le pouvoir de m'obliger à partir avec lui.

— Comment cela est-il possible?

— Pour mettre votre délicatesse à l'aise, mon cher Ivan, je vous ai caché que le banquier m'avait fait des avances sur l'avenir. Aujourd'hui il est en droit de me poursuivre si je ne le paie pas, ou si je ne l'accompagne pas à Rio-Janeiro, où il est décidé à aller.

— Payez-le vite, je vous en conjure.

— C'est impossible : car, dans ce cas, adieu notre exploitation.

— Que faire donc?

— Je ne sais qu'un moyen : il faut continuer à nous cacher tant que nous serons ici, et nous presser cependant de partir pour l'Amérique. Le temps de la pêche de la morue s'approche, prenons passage sur un navire qui fait route pour Terre-Neuve, mon ennemi n'ira pas me chercher là. Pour nous, une fois en Amérique, que ce soit au nord ou au sud, il ne nous sera pas difficile de retrouver la chaîne des Andes. C'est mon affection pour vous qui me suggère de semblables ruses, car autrement il serait bien simple de rester avec mon banquier.

— Soyez bien assuré aussi que ma reconnaissance ne se démentira jamais, reprit Ivan avec vivacité; agissez donc comme vous voudrez, je suis prêt à vous obéir en tout.

— Il sera encore nécessaire que je change de nom.

— Mais vos papiers?

— Un de mes amis mort depuis deux ans m'a laissé les siens, j'en ferai usage.

— Quel heureux hasard!

— Je crois que c'est vous qui avez du bonheur, reprit effrontément Frédéric, car moi je n'aurais jamais cru devoir me servir du nom d'un autre.

Grâce à ce nouveau détour, Frédéric pouvait justifier sa démarche tortueuse et la faire passer pour du dévouement. Le jeune Hervey laissa retenir son passage à bord d'un brick destiné pour la pêche, ne prit nul ombrage de la conversation secrète que son camarade avait avec le capitaine. Le jour du départ venu, le confiant Ivan se rendit sur le quai, suivi de Frédéric; le dernier s'était chargé de la valise qui contenait, les passages payés, une somme de 8,000 fr. en or. Ivan avait vu son trésor le matin même; le poids de sa valise l'assurait bien que sa fortune était encore là; d'ailleurs aucun doute ne pouvait lui venir à ce sujet. Frédéric et lui montent ensemble sur le pont, où le capitaine les accueille comme des hôtes attendus. Après quelques moments donnés à l'observation des manœuvres, Frédéric s'approcha de son ami. — C'est une fatalité, lui dit-il d'une voix précipitée, mon banquier est encore là sur le quai; je cours me cacher à fond de cale, jusqu'à ce que nous soyons en pleine mer. Tu vois bien cet homme en habit neuf, à la tournure carrée, continua Frédéric en désignant ainsi au hasard un paisible marchand havrais. Reste ici à épier ses moindres mouvements; s'il m'a vu, il ne tardera pas à demander à parler au capitaine : alors tout est perdu. Si, au contraire, il est là sans dessein et qu'il ne me sache pas si près de lui, une fois dans ma retraite, notre voyage s'achèvera paisiblement. Reste donc là; si l'on me demande, réponds que je suis couché dans ma cabane, et ne viens me rejoindre que lorsque tu auras perdu la terre de vue, et que le pilote sera déjà loin du navire.

— C'est bien, répondit Ivan.

— Je compte sur toi. Toute ton attention doit être portée de ce côté du navire sans te laisser détourner par rien. Moi je me sauve au plus vite.

Si près de réussir, à ce qu'il croyait, Ivan mit toute l'importance possible à surveiller le malencontreux ennemi qui se trouvait toujours sur son chemin. Absorbé par ce soin, il ne prit pas garde aux mouvements de Frédéric. Celui-ci rentra en effet dans sa chambre; là, il changea d'habit, et, sous le costume d'un matelot pêcheur, il descendit sans peine par-dessus les haubans et prit place dans un bateau qui fila au plus vite vers la pleine mer. Un complice de Frédéric l'aidait dans son évasion. C'était ce complice, et non le banquier supposé, qu'il avait rencontré quelques jours auparavant dans le port du Havre. Frédéric, poursuivi pour vol, ne cherchait qu'une bonne occasion pour s'enfuir avec les papiers dont il s'était muni d'avance. L'argent manquait à l'exécution de son dessein, lorsqu'il rencontra Ivan, dont l'ignorance le seconda à merveille jusqu'au bout. Le navire ne tarda pas à déployer ses voiles et à sortir du port. A sa marche légère et moelleuse, on l'aurait dit tout radieux de son gréement neuf, de sa peinture fraîche, et prêt à franchir l'espace, comme un oiseau qui recommence avec un beau jour sa migration annuelle.

Les joyeux battements du cœur d'Ivan accompagnaient les ondulations de la vague, le bruit des manœuvres; il aurait voulu pouvoir ajouter par sa force personnelle à toutes ces chances de départ. Fidèle à sa parole, il resta sur le pont jusqu'à ce que la terre fût perdue de vue, et le pilote hors de portée d'être rappelé; alors il descendit dans la chambre, appela Frédéric, le chercha dans l'entrepont, pria un matelot de voir s'il n'était pas retenu dans la cale par le mal de mer. Toutes les perquisitions furent infructueuses; en moins de vingt minutes tout ayant été visité, l'absence de Frédéric fut mise hors de doute.

L'aveuglement d'Hervey tomba alors comme par miracle. — Monsieur, dit-il au capitaine, faites-moi reconduire à terre; que je poursuive le voleur qui m'a jeté ici, et qui m'emporte tout ce que je possède.

— Un navire sorti du port n'y peut rentrer que pour des avaries, reprit le capitaine. Je suis fâché de ce qui vous arrive; mais vous voilà des nôtres, il faut rester; quand nous reviendrons je vous promets de vous aider à recouvrer votre argent. Racontez-nous donc comment cette aventure vous est survenue; car, pour moi, je ne saurais comprendre comment il se fait que votre compagnon ait payé son passage ici et se soit sauvé sans profiter de cette dépense.

Ainsi questionné, Ivan entreprit l'histoire de sa mésaventure, et des pleurs interrompirent plus d'une fois son récit, tandis que l'équipage et les passagers retenaient à grand'peine l'explosion de leur rire. Tout en parlant, Ivan se rappela que sa valise était à bord, et il eut un mouvement de honte tel, d'avoir peut-être soupçonné à tort son ami, qu'il souhaita presque que sa valise eût disparu aussi. Il courut l'ouvrir et n'eut plus de remords : quelques morceaux de plomb remplaçaient les huit mille francs en or.

— Vous croyez avoir tout perdu, dit le capitaine ; eh bien ! pour adoucir votre situation, je m'engage à vous remettre cent écus, à notre arrivée à Terre-Neuve, sur le prix du passage payé par votre fripon, si vous n'aimez mieux toutefois revenir sur mon bâtiment lorsque je retournerai au Hâvre.

— Et moi qui croyais bonnement aller prendre possession d'une mine ! répliqua Ivan atterré de se voir joué de cette manière.

Des rires bruyants interrompirent cette fois l'expression naïve des regrets du voyageur. Cependant la pitié ne tarda pas à tempérer ces cruelles railleries. Le chiffre du capital perdu donnait aussi quelque considération à Ivan, parmi des hommes qui pour la plupart ne possédaient que leur paie. On conseilla à Ivan de prendre courage, et surtout de s'appliquer à faire fructifier les cent écus qu'on lui promettait lorsqu'il serait à Terre-Neuve.

Il n'est peut-être pas de situation plus propre à inspirer le détachement des richesses, que celle de passager à bord d'un des modestes navires qui se rendent à la pêche de la morue. Une vie dure, frugale, exempte de tentation, l'aspect uniforme de la mer, le ciel à contempler, l'incertitude de l'arrivée, régénèrent puissamment les facultés les plus engourdies. Ivan ne tarda pas à se montrer supérieur à son sort. D'abord, il affecta plus de calme qu'il n'en avait; mais enfin, soumis par l'exemple de ses compagnons, il se livra au travail et gagna bientôt l'estime de tous par les services qu'il sut rendre pendant la traversée. Cependant, malgré les avis qu'on lui donnait, il conservait au fond de lui-même la pensée que Frédéric ne s'était séparé de lui que pour aller prendre seul possession du trésor dont son argent serait la clef. Quelquefois, après des journées laborieuses où il avait appris à grimper aux cordages, à diriger le gouvernail, à ferler ou larguer les voiles à la voix du commandant, il s'endormait et redevenait le millionnaire des Andes; les palais et les monceaux d'or se montraient à ses yeux, il les touchait, s'étendait sur des divans somptueux, à la vérité sans en sentir la douceur, et se rappelait comme un rêve confus sa vie de matelot à laquelle il devait le profond sommeil dont il jouissait alors. « Certainement, se disait le dormeur, c'est bien là une réalité, voilà ma demeure, je suis le maître ici. » Il s'essayait au commandement, des valets accouraient de toutes parts. Il allait à son gré à cheval ou en voiture, carrosses et harnais étaient d'une richesse féerique ; mais son faux ami, toujours à ses côtés, gâtait bien un peu son bonheur par un souvenir confus de sa trahison réelle. Ivan se faisait même violence alors pour lui cacher sa haine secrète ; car, au fond, il était bien sûr de jouir de la situation promise au prix de l'héritage abandonné. L'aspect de Frédéric lui semblait à la fois menaçant et moqueur. Le dormeur n'osait jamais s'aventurer à essayer s'il avait un maître, un serviteur, ou un ami dans la sombre figure que ses rêves lui offraient. Son bonheur s'obscurcissait par degrés sous les regards de Frédéric ; au sein des richesses il regrettait son indépendance, qu'il sentait perdue, et souvent il était prêt à fuir de son palais pour mettre le pied sur un navire qu'il croyait voir passer sur un beau fleuve qui baignait les murs de son jardin, lorsqu'on l'éveillait rudement pour le rappeler sur le pont à la manœuvre.

Il racontait en riant ses illusions perdues, et, toute compensation établie, il se trouvait mieux, tel qu'il était, que sous la surveillance du Frédéric de ses rêves. Depuis la perte de sa mère, Ivan n'avait jamais aimé jusque-là à s'occuper longuement d'elle ; son image l'importuna même tant qu'il fut dans la société de Frédéric, et uniquement pressé par le désir d'acquérir des richesses. Maintenant sa vie laborieuse, le courage qui se développait chaque jour en lui, il se plaisait à l'offrir au souvenir de cette pauvre mère qui avait prié pour lui. En se rappelant tant d'oraisons qu'il avait crues perdues, la foi s'éveillait dans son cœur; car il était bien sensible pour Ivan que le changement de sa conduite venait précisément des leçons de la nécessité. Malgré sa détresse apparente, il se trouvait assez heureux; ainsi sa mère n'avait en effet rien à souhaiter pour lui.

La destinée de Frédéric fut bien différente. Nous avons dit que, poursuivi comme il l'était, son départ de France offrait mille difficultés, et ces difficultés s'étaient trouvées augmentées par le projet de voler Ivan en le quittant. Tant qu'il restait en France, Frédéric ne pouvait pas songer à augmenter les dangers de sa situation en commettant un nouveau délit; il fallait, en une même fois, ruiner sa dupe et passer en pays étranger. Jusqu'au moment où le fugitif prit place dans la chaloupe du pêcheur, tout lui réussit à merveille. Même en gagnant la pleine mer, les deux fripons rirent longtemps de leur ruse; puis, à mesure qu'ils s'éloignaient, la conversation prit un tour plus fâcheux pour Frédéric. — Maintenant, lui dit son complice, en faisant d'un coup d'œil le tour de l'horizon désert, et reportant significativement les yeux sur la valise, il peut bien me convenir de t'aider à dévaliser un imbécile; mais, comme sans moi il n'y aurait rien eu de fait, je demande ma part dans le butin.

— Tes cent écus sont là dans ma poche, mon cher Laurent, dit Frédéric d'un air calme; c'est tout ce que je possède; mais la vie sauve vaut bien la fortune d'un homme.

— Cent écus! me serais-je mis en route si j'avais donné dans cette bourde-là? répliqua le pêcheur.

— Sur ma foi, je n'ai rien de plus! ajouta Frédéric.

— Tu mens! répondit Laurent avec force.

— C'est vrai; mais c'est bien sans le vouloir, reprit Frédéric, pâle de frayeur, malgré l'effort qu'il faisait pour se montrer tranquille; il me reste encore quelque monnaie blanche, et même une pièce d'or; s'il te les faut, tu les auras encore.

— Voleur! dit Laurent; ah! tu veux jouer un camarade aussi! Heureusement que la mer est large, personne ne t'a vu t'embarquer; allons, la moitié de ta fortune, chien, ou bien tu iras au fond de l'eau.

— Je n'ai rien au-delà de ce que j'ai dit, répéta Frédéric, devenu menaçant à son tour.

— Ouvre-moi ta valise, prononça Laurent en dirigeant un pistolet chargé contre la poitrine de son camarade; cette arme me fera justice de toi. Je te connaissais bien, comme tu vois, et mes précautions étaient prises sans que tu t'en doutasses.

Il fallait sauver sa vie: la détente de l'arme semblait prête à céder sous la pression du doigt de

Laurent. Frédéric défit les boucles et les brides de la valise; il y fouilla quelque temps sans en rien sortir.

— L'argent, la montre, je veux les voir à l'instant même, dit le pêcheur en rapprochant le canon du pistolet du cœur de Frédéric. Celui-ci, n'ayant plus d'espoir, tira le sac qui contenait les huit mille francs en or.

— Dénoue-moi les cordons, continua Laurent. A la vue de l'or, la colère du marin redoubla : — Scélérat! s'écria-t-il, voilà ce que tu voulais me ravir, et il se baissa pour ramasser l'or à poignées. Frédéric épiait son mouvement : il se jeta sur l'arme, eut le temps de s'en emparer, mais, avant qu'il pût s'en servir, Laurent saisit ses deux bras et le força à tenir l'arme en l'air. Se sentant maîtrisé, Frédéric chercha à jeter l'arme dans l'eau. La mer était un peu houleuse, cette lutte faisait pencher la barque, et les vagues commençaient à y entrer d'une manière dangereuse.

— Trêve, dit Frédéric, ou nous périssons.

— Si tu lâches le pistolet, je te fais grâce de la vie, répondit Laurent.

— Je ne crois point à ta parole.

— Au prix de ton argent, je te jure que tu es sauf; vois encore, l'eau nous submerge, hâte-toi!

— Eh bien! laisse mon bras, et je ne te ferai aucun mal; mais je ne renoncerai pas à avoir une arme en cas de besoin.

— Si tu ne décharges pas le pistolet, c'est que tu as de mauvais desseins. Prends-y garde, tu péris avec moi ; c'est fait de nous, jette ton arme........

La lutte devenait plus violente : les deux champions se poussaient vers le bord de l'abîme, une lame submergea le bateau qu'on ne gouvernait plus, et engloutit les deux malheureux avec leur or. Ni l'un ni l'autre ne lâcha prise en allant au fond de l'eau. Dégagée de sa charge, la barque se releva bientôt, elle flotta longtemps, ballotée par la vague, poussée par le vent, puis elle aborda sur la côte de Bretagne, dans une anse où un pauvre et honnête pêcheur reçut cette embarcation naufragée comme une source d'existence que Dieu lui envoyait pour lui et pour ses enfants.

Bien loin de soupçonner un pareil dénouement, le jeune Hervey songeait quelquefois en travaillant que sans doute Frédéric, retourné à terre, s'amusait de bon cœur en mangeant l'argent si habilement dérobé. La blessure d'amour-propre se rouvrait alors, mais de jour en jour il se fortifiait contre de pareils regrets. N'ayant jamais rien vu, lui, né dans l'intérieur de la France, il était toujours prêt à s'intéresser aux moindres incidents de la navigation. C'était un parti pris à bord de s'amuser de sa crédulité et de son inexpérience. La traversée avançait, et bien qu'on fût en mai, la température glacée du pôle se faisait vivement sentir. Un matin, le soleil venait de se lever : on éveilla Ivan pour lui montrer, dit-on, la mine promise par Frédéric. Une des montagnes du Brésil, ayant appris les projets du voyageur, s'était complaisamment détachée de sa chaîne, et venait, en naviguant de son mieux, se mettre à la disposition du chercheur de trésors. Le caractère d'Ivan s'était assoupli à toutes les moqueries ; il s'habilla en riant, et courut sur le pont pour voir ce qui donnait lieu à cette plaisanterie. Sa surprise fut grande ; il faillit être aveuglé en effet par l'aspect de montagnes flottantes d'une immense hauteur, et resplendissantes de nuances de feu qu'on aurait dites être d'or pur.

— Quel bonheur pour nous ! disaient les railleurs, voilà notre fortune faite. De pareilles rencontres ne sont pas rares ; mais il est dangereux d'aborder une de ces masses dont les aspérités pourraient briser le navire en éclats. Avec de la prudence, néanmoins, nous en viendrons à bout. A mesure que le rocher d'or s'approchait, le froid devenait plus intense, des glaçons transparents roulaient avec fracas dans les vagues, se heurtaient et se brisaient en étincelles ; Ivan comprit que les prétendues mines étaient des montagnes de glace, dont l'éclat momentané était emprunté aux reflets du soleil levant. Tout en communiquant sa découverte, Hervey ne put s'empêcher d'avouer que, dans le premier moment, son illusion avait été complète. En approchant de ces îles menaçantes, les voyageurs purent reconnaître, à l'aide d'une longue-vue, que des ours s'y étaient établis pour regagner les terres. Chaque année ces animaux profitent ainsi de l'époque du dégel pour aller chercher leur subsistance sur les côtes où les courants jettent infailliblement les glaces flottantes.

En arrivant, ces ours paraissent maigres et fatigués du long jeûne qu'ils subissent pendant deux mois dans les contrées boréales, n'ayant pour toute nourriture que la graisse qu'ils recueillent sur leurs pattes en les léchant. L'été les rend à l'abondance, et jamais on ne se mit en mer d'une manière plus somptueuse. Du haut de leur trône aux formes accidentées et pleines de splendeur, les ours pouvaient voir les souffleurs et les baleines leur faisant cortége, et lançant d'immenses jets d'eau qui allaient se perdre sous des arcades de glaces ou entre des colonnades que l'art n'aurait pas désavouées. On croyait voir des formes de grottes, de palais ou de cavernes, des chemins escarpés taillés sur des pentes de coteaux, des arbres même, dans les découpures de ces montagnes flottantes.

Avant d'arriver à la terre dont on s'approchait, les voyageurs virent encore le lendemain suivant une aurore boréale. Comment se fait-il que dans ses œuvres sérieuses, comme dans ses jeux fantastiques, la nature reproduise toujours des tableaux analogues aux développements de l'industrie humaine? Est-ce la nature qui copie l'homme, ou bien si la Providence a tracé dans les lignes immenses de ses créations les modèles des chétives imitations que notre orgueil prend pour des inventions de son propre génie? Cette réflexion ouvrirait de vastes perspectives à la pensée; toutefois, je m'arrête pour ne pas dépasser les limites où mes jeunes lecteurs consentiraient à me suivre.

L'aurore boréale dont Ivan fut témoin lui montra le ciel tout en feu et couvert de dessins brillants qu'on pouvait prendre pour des milliers de fusées. Ce phénomène dura pendant quelques secondes; puis, un peu plus tard, un effet de mirage présenta un aspect encore plus singulier. Sur une partie de la mer qui paraissait calme, unie et transparente comme les nuages, on crut voir surgir une ville dont les murs seraient immédiatement sortis de l'océan, sans autre base que la nappe limpide étendue sous les remparts; des jardins et des édifices d'une architecture aérienne surmontaient le mur poli de la ville éphémère; un effet de lumière changé suffit pour anéantir subitement la ville chimérique.

Les côtes de Terre-Neuve se montrèrent enfin. C'était la terre : et, après une traversée, tout pays semble charmant. Celui-ci avait l'air assez désert : ce n'étaient que collines entassées les unes au-dessus des autres, et formant dans leur ensemble des montagnes couvertes de bouleaux et de sapins. Le navire ne tarda pas à entrer provisoirement dans le port du Croc, situé au nord-est de l'île de Terre-Neuve. Les moustiques commencèrent à tourmenter l'équipage, et Ivan, surpris par ces ennemis qui lui étaient inconnus, s'accoutuma difficilement à leurs piqûres. Tous les visages étaient enflés, les yeux à demi fermés : rien n'était plus fait pour provoquer à la fois le rire et inspirer la compassion, que cette disgrâce.

Soutenu par l'exemple du capitaine et celui de l'équipage, Ivan finit par n'attacher qu'une médiocre importance à ces inconvénients. On visita les deux pêcheries situées dans les anses du port du Croc; en y conduisant Ivan, le capitaine lui dit : « Vous pouvez ici, avec de la bonne volonté, gagner un peu d'argent; je consents à vous intéresser dans ma pêche pour les 100 écus que j'ai à vous. Travaillez de vos propres mains sans faire de retour vers une condition perdue par votre faute; la fortune que vous acquerrez ainsi, je vous promets que vous n'aurez nulle tentation de la dépenser mal à propos. »

Le conseil était sage : Ivan prit le parti d'imiter le courage de ceux qui étaient venus à Terre-Neuve par choix, ou du moins de leur bonne volonté. Il ne tarda pas à être récompensé par des bénéfices raisonnables.

« Les bateaux dont on se sert pour la pêche de la
» morue sont de différentes grandeurs (1); les uns
» ne contiennent que deux hommes, d'autres trois
» ou quatre, et dans les pêcheries anglaises, lors-
» que le poisson est abondant, il y a souvent en

---

(1) Comme le principal but de ce livre est de donner une relation de voyage contenant des détails de mœurs et des coutumes de chaque pays, il faudra de temps à autre que nous interrompions le récit pour nous arrêter à la partie descriptive, que nous puiserons toujours aux meilleures sources.

» outre des enfants et des femmes. Les pêcheurs
» tiennent à bâbord et à tribord deux lignes ter-
» minées chacune par deux hameçons, de sorte
» qu'étant quatre, il y a seize hameçons employés.
» L'appât ou boëte varie avec la saison. On emploie
» ordinairement le hareng, le maquereau, le lan-
» çon, le capelan, l'encornet, la jeune morue, et, à
» défaut de ces poissons, la chair de l'oiseau de
» mer. Les embarcations partent ordinairement
» avant le jour, et vont à quelques milles sur une
» basse ou un banc peu profond, et y mouillent
» leur grapin. Chaque ligne étant bien attachée
» dans l'intérieur, et les hameçons étant prêts, le
» pêcheur se place à égale distance de ses deux
» lignes qu'il remue de temps en temps. Dès qu'il
» croit observer la moindre tension dans sa ligne,
» il la hale aussi promptement que possible, jette
» le poisson dans le bateau, et lui ôte l'hameçon
» de la bouche; si la morue est grande, il l'accro-
» che avec une gaffe dès qu'elle atteint la surface
» de l'eau, ou avec un gros hameçon attaché au
» bout d'un bâton, pour empêcher ce qui arrive
» très-souvent, que, par l'excessive vivacité de ses
» mouvements et la grandeur de sa bouche, elle
» ne parvienne à s'échapper.

» Quand le chargement est complet, les pêcheurs
» le portent à terre pour le préparer; mais s'il n'y
» a pas assez de poisson et qu'ils soient trop loin de
» la terre, ils passent la nuit en mer dans leurs
» mauvaises embarcations, mouillés, exposés au

» froid et aux vagues, ayant pour tous vivres un
» peu de biscuit et quelques verres d'eau-de-vie.

» L'endroit où se prépare la morue s'appelle
» *échafaud;* c'est une plate-forme couverte, ou un
» grand hangar élevé sur le rivage, dont un côté,
» se projetant dans la mer, est fortement étayé et
» défendu par de gros arbres qui le garantissent
» du choc des bateaux et des bâtiments. On y
» monte du côté de la mer au moyen d'arbres pla-
» cés horizontalement de distance en distance en
» guise de marche. Sur le devant de la plate-forme
» est une table : d'un côté est placé le décolleur,
» qui prend le poisson, lui coupe le cou jusqu'à la
» nuque avec un couteau, et le pousse après à l'étê-
» teur, qui est à sa droite. Celui-ci le prend de sa
» main gauche, et, avec l'autre, sort le foie qu'il
» jette dans un tonneau sous la table, ainsi que les
» entrailles, qui tombent dans la mer par un trou
» du plancher; il place ensuite le cou du poisson
» sur le bord de la table ronde et coupante placée
» devant lui; il appuie dessus avec la main gauche,
» et donne au corps un coup violent; il le pousse
» au trancheur en face, et la tête, séparée du corps,
» tombe dans la mer. Le trancheur prend alors le
» poisson de la main gauche, et commençant de-
» puis la nuque, en ayant soin de tourner le cou-
» teau en dedans, pour suivre toujours la grande
» arête, il tranche jusqu'à l'extrémité de la queue.
» Relevant alors l'arête avec son couteau, il pousse
» le poisson ainsi fendu dans une brouette, et

» l'arête brisée tombe dans la mer par une ouverture
» pratiquée près de lui dans le plancher.

» Quand on a rempli la brouette de ces poissons
» ainsi préparés, on la mène aussitôt au saleur, et
» on en met une autre à la place. Toutes ces pré-
» parations se font avec beaucoup de soin, quoi-
» que avec la plus grande activité, parce que la
» valeur du poisson dépend surtout de ce qu'il
» n'y manque rien. Quelquefois on en conserve
» les langues. Dans ce cas, on jette de côté le
» nombre des têtes dont on a besoin, et, pour ne
» pas retarder le travail de la table, d'autres per-
» sonnes les ramassent.

» Le saleur est à l'autre bout de l'échafaud. Dès
» que la brouette est devant lui, il prend le poisson
» un à un, et, le plaçant par couche, il jette dessus
» une certaine quantité de sel avec la main, ayant
» soin de proportionner cette quantité à la taille
» de la morue et au degré d'épaisseur de ses diffé-
» rentes parties. C'est du saleur que dépend la
» réussite commerciale de tout le voyage; s'il n'y
» a pas assez de sel sur le poisson, il ne se con-
» serve pas; s'il y en a trop, la place où il y a
» excès devient noire et humide; s'il est exposé
» au soleil, il se grille; si on le retourne, il rede-
» vient humide et est sujet à se briser quand on le
» manie; tandis que le poisson salé et séché,
» comme il faut, devient blanc, ferme et compacte.

» La quantité de sel à donner dépend beaucoup
» aussi de sa qualité. Aux environs des échafauds,

» la terre est couverte de têtes de morues, dont se
» régalent les chiens de Terre-Neuve, qui ne veu-
» lent vivre que de poissons. Les foies de morue
» sont placés dans de grands cajots, assez ouverts
» pour faciliter, par la putréfaction, l'écoulement
» de l'huile qui est recueillie avec grand soin.
» L'homme chargé d'y entrer jusqu'aux genoux
» pour y travailler s'appelle perroquet, et reçoit
» un verre d'eau-de-vie pour sa peine.

» Année commune, il n'y a pas d'établissement
» qui ne prenne au moins huit cent mille morues.

» Le poisson doit rester cinq ou six jours en
» pile, jusqu'à ce qu'il soit suffisamment chargé de
» sel. Ce temps écoulé, il doit être lavé aussitôt
» que possible. On le met alors dans des cuves de
» bois remplies d'eau, ou dans des espèces de ca-
» ges à jour dans la mer. On l'en retire un à un;
» on le frotte sur le ventre et sur le dos avec du
» drap de laine, et on le met à égoutter sur le plan-
» cher. On continue ainsi jusqu'à ce qu'on en ait
» une quantité susceptible d'être travaillée le len-
» demain. La morue peut rester ainsi deux jours,
» mais pas plus, parce qu'elle perdrait de son poids;
» et le sel n'y tenant plus, elle ne supporterait pas
» si bien les changements de temps.

» Le lendemain, on étend le poisson à l'air pour
» le faire sécher : le côté ouvert est exposé au so-
» leil, et le soir on en place deux ou trois l'une
» sur l'autre, tête sur queue, le dos en l'air, pour
» empêcher que le côté ouvert ne souffre de l'hu-

» midité. On l'étend encore le lendemain matin,
» et le soir on en met cinq ou six les unes sur les
» autres, et on augmente le nombre jusqu'à ce que,
» le quatrième jour, il y en ait dix-huit ou vingt,
» toujours le dos en l'air et un peu inclinés pour
» laisser écouler l'eau, s'il vient à pleuvoir pen-
» dant la nuit.

» Le cinquième soir, le poisson est regardé
» comme sauvé, et reste dans cet état pendant huit
» jours, et même quinze si le temps est mauvais.
» On en fait alors de grosses piles, semblables à
» des meules de foin, le dos en l'air, et le tout re-
» couvert de paillassons retenus par de grosses
» pierres, pour les abriter des rosées abondantes
» qui tombent pendant les nuits d'été. On doit les
» étendre encore une fois avant de les emmagasi-
» ner, ou de les mettre à bord des bâtiments, qui
» les emportent à la Guadeloupe, à la Martinique,
» en France, en Espagne, en Italie, en Grèce, etc.

» Comme une seule goutte d'eau peut non-seule-
» ment gâter un poisson, mais encore communi-
» quer l'infection à toute la pile et à toute la cargai-
» son, on examine avec soin l'état du ciel pendant
» qu'il est à sécher, et, à la moindre apparence de
» pluie, il est immédiatement retourné. Il y a en-
» core beaucoup de précautions à prendre, qui ren-
« dent cette pêche très-difficile et très-fatigante.
» Les endroits pour sécher la morue s'appellent vi-
» gnots et rames; ce sont des lits de branches de
» sapin, sur lesquels on place le poisson. Les pre-

» miers diffèrent des seconds, en ce qu'ils sont éle-
» vés de terre sur des piquets, pour laisser l'air
» circuler autour.

» Pour employer les chirurgiens qui s'embar-
» quent par ordre du Gouvernement sur les navires
» de la pêche, les capitaines leur font habituelle-
» ment décoller les morues. »

La pêche de la morue n'est pas toutefois la seule ressource de Terre-Neuve.

« En tendant des filets en travers de la rivière,
» on prend facilement de beaux saumons; mais on
» se lasse assez vite de ce poisson. La manière dont
» il se laisse prendre prouve le peu d'intelligence
» du saumon. Lorsque la marée remonte, ils sui-
» vent le flux, et, s'arrêtant au filet qui leur barre
» l'entrée de la rivière, au lieu de revenir, ils res-
» tent le nez contre l'obstacle préparé, et on peut
» les prendre ainsi tout vivants. Parmi les poissons
» de Terre-Neuve, le capelan est sans contredit le
» meilleur de tous. Sa grandeur est celle du gou-
» jon, et on le prend par millions à la fin de juin,
» où il vient à point pour servir d'appât à la morue.
» D'un seul coup de filet, on en remplit un canot
» au point d'être obligé de creuser une place où
» mettre ses jambes. Le capelan est nacré et très-
» brillant. Ce poisson nage par bandes d'une épais-
» seur de huit à dix pieds, et montant sans cesse les
» uns sur les autres pour arriver à la surface de
» l'eau.

» En jetant la seyne dans la rivière, on trouve

» des plies, des truites saumonées, des crapauds,
» des marmottes, des oursins, et une grande quan-
» tité d'anchois et de homards. On prend aussi
» quelques anguilles; il faut, pour cela, se tenir les
» pieds dans l'eau, avoir l'œil au guet, et approcher
» silencieusement de la pierre où l'on soupçonne
» que l'anguille est cachée; un pêcheur soulève la
» pierre, l'autre tient en main une petite fourche.
» Le succès dépend de la dextérité que l'on met à
» atteindre l'animal, dont les mouvements sont
» pleins d'agilité. Les anguilles se tiennent en gé-
» néral dans les lieux où l'eau est peu profonde et
» coule avec rapidité (1) »

Ivan sut employer avec succès les nouvelles facultés qu'il s'était senties pour le travail. Le goût des occupations utiles augmenta aussi le plaisir qu'il pouvait prendre à se livrer aux distractions que lui offrait le pays. La pêche était à peu près terminée, les chasses commencèrent : elles n'étaient pas seulement dirigées contre les oiseaux et le gibier ordinaire, mais aussi contre les animaux amphibies, très-communs dans cet étrange pays. Quand on a fait la guerre aux perdrix, aux outardes, grande espèce d'oies, aux daims sauvages, appelés caribous, à l'original, espèce de cerf, on poursuit encore le loup marin, et il n'est pas difficile de le tuer. La vie du chasseur ne laisse pas d'avoir ses périls à Terre-Neuve; le gibier est abondant, mais vous

---

(1) *Revue des Deux-Mondes*, Eug. Ney.

courez mille risques à la chasse, soit en marchant sur des rochers glissants et suspendus au-dessus de précipices, soit en rencontrant parfois des ours où vous êtes venu chercher des perdrix. Cette infortune échut à Ivan. Il était sorti, le fusil sur l'épaule, suivi d'un matelot armé comme lui; leur désir était d'ajouter à leur dîner quelques plats de venaison pour faire diversion à la morue, au saumon et aux capelans, dont ils étaient rassasiés. Ils partirent en canot, longèrent la côte, et descendirent en un endroit désert, hérissé de collines, formées tantôt par des rochers nus, tantôt par mamelons recouverts d'une aride végétation de pins et de bruyères. Il semblait que jamais des hommes ne pussent aborder en pareil lieu. La difficulté tenta les chasseurs : ils escaladèrent la montée, et ne tardèrent pas à tirer sur un oiseau, qui, blessé, roula d'abîmes en abîmes jusque vers la mer.

Courir après le gibier n'était pas possible : le chemin devenait plus dangereux en avançant davantage, et, de la hauteur où étaient Ivan et son camarade, le vertige commençait à les prendre. Il était temps de redescendre, en y mettant toute la prudence possible pour ne pas tomber fracassés dans l'océan, ou rester écharpés en lambeaux, suspendus aux pins et aux rochers. Moitié glissant, moitié rampant, les chasseurs regagnaient un plan de terrain plus facile, lorsqu'un ours leur apparut descendant d'un pas lourd le chemin qui surmontait le leur. La peur rendit Ivan immobile : il voulut armer son fusil, l'arme tomba de ses mains tremblantes et suivit à grand bruit la pente offerte à son essor. Le retentissement de sa chute attira l'attention de l'ours du côté des malheureux chasseurs. Un grognement significatif, une nouvelle accélération dans la marche de l'animal, ne laissaient pas de doute sur le sort réservé à Ivan désarmé. La lutte allait inévitablement s'engager avec lui.

Par générosité, le matelot, armé, et d'ailleurs plein de courage, s'avança au-devant du féroce animal. Des cris humains, partis d'un point intermédiaire entre l'ours et les chasseurs, rendirent l'espoir à Ivan. Quelques Indiens à peau rouge parurent et tirèrent simultanément sur l'ours, qui, tombé criblé de balles, étendit horriblement ses griffes, entr'ouvrit sa gueule ensanglantée en regardant ses meurtriers. Le premier mouvement de l'honnête Ivan le porta à s'avancer pour remercier ses libérateurs : le matelot l'attira vivement dans une anfractuosité du rocher, où tous deux se blottirent à grand'peine. Par bonheur, ils n'avaient pas été vus.

— Si jamais on me reprend dans votre compagnie, dit tout bas le matelot à son imprudent camarade, il faudra que ce soit pour être pendu : alors nous ferons chacun la mine que nous pourrons ; mais vous n'avez pas assez de courage ni d'expérience pour qu'il soit sage de courir les déserts avec vous. Ces sauvages nous traiteraient tout

Chasse à Terre neuve.

P. 42

aussi mal que l'ours, s'ils nous apercevaient. Tenez-vous donc en repos sans prendre garde à les remercier de vous avoir sauvé par hasard. Le gibier qu'ils viennent de tuer captive toute leur attention ; remerciez-en votre patron : sans cela vous iriez dans la gibecière des peaux rouges tenir compagnie à maître Martin.

Malgré le frémissement que ces paroles lui causaient, Ivan se hasarda à regarder l'ennemi pour le reconnaître. Ces Indiens, vêtus de culottes de peau, avaient le teint cuivré, les cheveux noirs, lisses et très-longs ; leurs yeux, noirs et brillants, semblaient rayonner de l'amour du sang et d'une expression d'inextinguible férocité. En un instant, ils dépouillèrent l'ours de sa peau, se partagèrent ses membres, et s'éloignèrent du lieu de la chasse, à la grande satisfaction d'Ivan et du matelot, qui s'empressèrent à leur tour de regagner le canot, afin de retourner au port du Croc, d'où le bâtiment devait repartir sous peu de jours.

Cette aventure, racontée par le matelot à ses camarades, ne donna pas une très-haute idée du courage d'Ivan. On se moqua de lui sans pitié. Comme il sentait cependant que, malgré sa frayeur en un cas imprévu, il avait considérablement gagné en force et en énergie depuis quelques mois, Ivan voulut rompre avec l'équipage. La pêche était terminée, le navire repartait ; il prit le parti de rester. Ses arrangements avec le capitaine se terminèrent, des deux côtés, d'une manière loyale. Ils se quittèrent bons amis. Ivan passa l'hiver à Terre-Neuve. Ce pays commençait à l'intéresser : il voulut en connaître toutes les ressources, et s'en faire autant de moyens d'augmenter la petite fortune qu'il recommençait.

Tant que dure la belle saison, pendant que la navigation est ouverte, les montagnes de glace arrivent sans cesse dans les ports de l'île. On s'empresse d'aller au-devant de ces masses et de les remorquer près de terre si l'on peut, afin d'éviter leur choc contre les navires. Quelquefois aussi on cherche à les briser à coups de canon : si la glace est trop solide, le boulet s'y enfonce et y reste sans lui causer d'autre dommage ; autrement, elle vole en éclats et retombe dispersée dans la mer.

Aux mois de juillet et d'août, la chaleur devient excessive à Terre-Neuve. Ivan profita de ce moment pour visiter Saint-Pierre et Miquelon, possessions françaises distantes de Terre-Neuve de huit lieues. Ce sont des établissements importants par leur but, mais d'un aspect pauvre et assez triste. Quand vient l'automne, l'activité des industriels du pays reçoit une nouvelle impulsion : c'est le temps de la chasse des loups marins, recherchés pour leur peau et pour leur huile. Les pêcheurs placent des filets entre le rivage et les îles, d'un rocher à l'autre. Les loups marins arrivent en masse pendant l'été ; ils se prennent immanquablement dans les piéges préparés : on les porte sur la côte, où, conservés dans la glace, ils restent jusqu'à la fin d'avril, époque à laquelle on en tire l'huile.

La chasse de mars est plus intéressante. On réunit le plus grand nombre d'hommes qu'on puisse se procurer. Les rivières et la mer sont encore uniformément prises : il faut, à coups de pioches, tracer un canal jusqu'à la mer, en brisant de gros morceaux de glace qu'on enfonce avec des pioches sous la glace solide. Le courant d'eau qui roule entre les deux rivages argentés du canal semble d'un noir foncé. Par cette ouverture, les navires gagnent la pleine mer. Rien n'est plus dangereux que la pêche à laquelle on se livre en cette saison; souvent des glaces flottantes viennent cerner un navire, et le retiennent captif sur l'océan glacé. Plus de salut possible alors pour l'équipage; il faut que les hommes succombent, dans leur prison, à la faim et au froid. Echappé à ce danger, rien n'est plus amusant que de poursuivre des troupeaux de loups marins sur de grands espaces de glace qu'on appelle prairies. Là, ils dorment mollement au soleil, entourés de leurs petits. Quand on peut les approcher sans bruit, un coup sur le nez suffit pour leur donner la mort. Les plus forts d'entre les loups marins se défendent, et la lutte n'est pas sans danger. Cependant on se dispense le plus possible de se servir du fusil contre ces animaux, de peur de trouer leur peau. Lorsqu'on a fini sur une prairie, ou que le froid oblige d'interrompre la chasse, le gibier mort est traîné sur la glace et mis à bord. Le premier soin des matelots est de séparer la peau de la graisse, qu'on fait fondre. La chair est mangée par l'équipage, et les parties inutiles rejetées à la mer. Dans une pareille chasse, Ivan gagna pour sa part jusqu'à 500 fr. Chaque nouvel accroissement obtenu dans sa fortune lui causait une grande satisfaction. C'était le prix de son travail, et cet argent-là, on n'avait pas besoin de lui apprendre à ne le pas mettre en mauvaises mains; au contraire, par une réaction, qui n'est pas rare, Ivan, autrefois si prodigue, commençait à pencher vers l'avarice à mesure qu'il arrondissait son trésor. Il faut avouer aussi que rien n'était plus pénible que son genre de vie à Terre-Neuve, et l'argent gagné en pareil lieu à de si rudes occupations pouvait bien avoir quelque prix aux yeux de son propriétaire. Son but principal était de gagner; mais en même temps son caractère se retrempait, sa force morale faisait d'immenses progrès dans toutes les difficultés qu'il parvenait à surmonter.

La pêche de la baleine se fait rarement à Terre-Neuve, à cause du danger qu'elle offre. Ivan se refusa à prendre une part active dans une semblable entreprise, mais du moins il s'empressa de se placer de manière à y être comme spectateur. Les pêcheurs à la baleine vont en mer dans des embarcations faites exprès; la corde à laquelle est attaché le harpon est fixée avec une grande solidité au milieu du bateau. Les baleines ne sont pas rares : il en vient une se prendre à l'appât jeté. « Dès qu'elle se sent

» blessée, on la voit fuir avec une telle vitesse, traî-
» nant la corde après elle, que le frottement de
» cette corde sur le bord met quelquefois le feu au
» bateau. Pour prévenir cet accident, un homme
» tient un seau d'eau qu'il verse dessus peu à peu.
» Bientôt la baleine a usé toute la longueur de sa
» chaîne, et emporte l'embarcation avec une ra-
» pidité effrayante; elle a l'air de voler sur la mer.
» Le harponneur, la hache à la main, est prêt : s'il
» voit que les bords du bateau sont trop baissés, et
» qu'il risque d'être englouti, il coupe le câble; le
» bateau reprend son équilibre, et continue à glis-
» ser longtemps encore par l'impulsion reçue. Si la
» baleine reparaît avant d'avoir usé toute sa corde,
» c'est une proie certaine. Le sang qu'elle a perdu
» en fuyant l'affaiblit tellement, que, si elle plonge,
» ce n'est que pour peu de temps. Le bateau la
» suit de toute sa vitesse. Elle reparaît enfin,
» meurt et flotte à la surface. C'est presque une
» fortune que la pêche d'un de ces poissons, tant
» par l'huile qu'on retire de sa graisse, que par
» ses fanons et ses côtes, employés à mille usages. »

Quand vient le mois de décembre, il ne faut plus songer à sortir, si ce n'est pour aller à la chasse. Les habitants de Terre-Neuve s'enferment dans leurs maisons de bois, où ils s'approvisionnent pour jusqu'au mois d'avril, et rien n'est plus rare que de les voir, pendant cette longue saison, communiquer les uns avec les autres.

Ivan s'était d'avance engagé avec une société

de chasseurs pour allrr exploiter les bois durant les mois d'hiver. Il eut le même bonheur à la chasse que dans ses autres tentatives, et rapporta un bon nombre de peaux de renards argentés, de castors, de loutres et de martres. Pour les atteindre, il dut s'accoutumer à franchir des savanes glacées, à aller dans les bois de sapins, au risque de perdre le nez et les oreilles sous les atteintes du froid. Pour ces différentes courses, Ivan portait, selon l'usage, des raquettes aux pieds, ou bien il se faisait conduire en traîneau par des chiens de Terre-Neuve. C'est un précieux animal et bien utile à l'homme dans le climat où il naît. Le chien de Terre-Neuve pêche, chasse et se procure avec la même facilité le poisson et le gibier; il va au fond de l'eau, traverse des bras de rivière, et, malgré sa voracité, devient docile et soumis au maître qui sait se l'attacher.

C'est surtout en hiver que l'on poursuit les animaux dont la fourrure est recherchée, parce qu'à cette époque leur robe est dans toute sa beauté. Ils perdent une partie de lours poils dès que la saison s'adoucit.

Une fois, pendant la chasse, Ivan se trouva surpris par une petite neige d'une extrême finesse, qu'on appelle *poudrerie*, et qui fait souvent plus de mal à Terre-Neuve que tous les autres fléaux ensemble. Cette neige tombait comme une petite poussière; il en était aveuglé au point de ne pouvoir plus reconnaître son chemin : son impatience était grande de voir finir ce qu'il regarda seulement, au premier abord, comme une insupportable gêne. En moins d'une heure le givre s'amoncela tellement, le froid devint si piquant, l'air tellement obscurci par l'épaisseur de la poudrerie, qu'Ivan comprit qu'il était en danger de périr. A travers la nuée dont il était environné, il crut bientôt voir un objet qui se mouvait à quelques pas de lui ; il s'approcha avec confiance, et reconnut un Indien qui, assis sur la terre, se laissait ensevelir paisiblement sous la neige, avec le soin de dégager seulement sa tête de temps à autre, afin de n'être pas dépassé par le niveau de la neige. Bien, assuré que l'expérience justifiait cette manière de se tirer du péril, Ivan imita la position de l'Indien, et dut son salut à sa confiance dans l'instinct de l'homme sauvage. On voit quelquefois des hommes succomber en chemin quand ils sont surpris par la poudrerie ; au dégel, on retrouve leur corps à la place où ils sont tombés.

En pelleteries, en huiles et en espèces, Ivan possédait déjà 4,000 francs lorsqu'il quitta Terre-Neuve ; c'était au retour de l'été. Les glaces fondues et dispersées avaient rendu à l'océan son mouvement. L'air était chaud ; les oiseaux quittaient le plumage uniformément blanc dont ils se vêtent pour l'hiver. Les nuits étaient magnifiques, et toute la création semblait jouir du retour de la belle saison. Vers le soir, les baies, naguère immobile, offraient la vue la plus animée. Des myriades de poissons paraissaient à la surface des vagues : tous, de forme et de grandeurs différentes, étaient occupés, les uns à poursuivre, les autres à fuir. « Les noires et lisses baleines sortent de l'eau et » replongent ; leurs jets d'eau élevés retombent en » étincelles phosphoriques. Les morues bondissent » au-dessus des vagues, et réfléchissent l'éclat de » la lune sur leur surface argentée. Les capelans » fuient par bancs immenses sur le rivage, où ils » se laissent jeter par la vague, qui, en se retirant, » les met à sec sur le sable ; là ils sautent et retom- » bent par milliers ; des femmes et des enfants » rassemblés à dessein sur le rivage ramassent à la » main les capelans. Le lendemain, les poissons » que la cuisine a épargnés remplissent les bateaux » des pêcheurs, pour servir d'appât aux morues. »

Il n'entrait pas dans les projets d'Ivan de s'arrêter encore une saison à Terre-Neuve : vendre au meilleur prix possible ses marchandises était son principal désir.

On l'engagea à se rendre à New-York, où il trouverait sans peine le débit de ses pelleteries et de ses huiles. Il avait appris un peu d'anglais pendant son séjour dans les pêcheries de Terre-Neuve. Le premier moment de son séjour dans une grande et belle ville fut un véritable enchantement. Ses peaux se vendirent bien ; il trouva un très-grand débit de ses huiles ; mais, quoique bien muni d'argent, il ne se laissa entraîner à aucune fantaisie déraisonnable. En arrivant, le jeune Hervey avait pensé que deux mois de repos et d'abandon lui suffiraient à peine pour s'indemniser de sa vie laborieuse. Au bout de quelques semaines, il était déjà las de son oisiveté, et songeait à s'imposer une nouvelle industrie. Celle des pelleteries le tenta encore. Désormais, avec la certitude de gagner de l'argent, Hervey serait allé sans crainte jusque sur les montagnes de glace. Il n'était pas besoin de retourner à Terre-Neuve : le Canada, situé au nord de l'Amérique, offrait même de plus belles chances à l'exploration du chasseur.

Les routes sont magnifiques dans l'Amérique septentrionale, et la navigation des fleuves, exploitée par les bateaux à vapeur, offre des moyens de transport plus faciles encore. Dans l'espace de deux jours on remonte de l'embouchure d'un fleuve à des distances prodigieuses. Ivan se rendit au Canada par le fleuve St-Laurent. Le voyageur ressentit un grand plaisir à se trouver bien établi sur un beau navire, où il pouvait passer sa journée, en plein air, regardant, sur les rives du fleuve, des villages, des maisons de campagne d'apparence soignée, et souvent portant l'empreinte d'une création toute récente. A moins d'un tiers de lieue de profondeur, la nature primitive reprend ses droits ; on ne voit plus qu'immenses savanes, forêts sauvages, que des Indiens traversent dans le lointain. S'ils sont en grand nombre, on peut supposer qu'une tribu entière transporte ses tentes d'un pays à un autre, ou bien qu'elle se rend à la guerre.

Dans l'Indien isolé, on voit un chasseur, un habile espion, ou bien encore le messager chargé d'aller porter le défi de quelque chef à une peuplade ennemie. Quoi qu'il en soit, le *Yankee* (1) s'inquiète assez peu des divers intérêts des hôtes primitifs de la terre conquise. Au grand désespoir des Indiens, il trouve chaque jour de nouveaux moyens pour pénétrer dans les lieux les plus sauvages ; et sur les fleuves qu'autrefois la seule pirogue des sauvages avait sillonnés, s'avancent de majestueux navires portant dans leur sein toutes les richesses de la civilisation. Dans la cuisine, on prépare, aussi bien qu'à New-York, les jambons, les roast-beefs, les puddings ; la bière, le vin rouge, le vin de Champagne et les liqueurs se servent à chaque repas. Dans l'entrepont, on transporte des maisons toutes prêtes à assembler, des instruments aratoires pour défricher les terres incultes, des semences pour les féconder. Ce n'est pas une civilisation progressive qui s'étend sur l'Amérique, elle s'implante toute perfectionnée ; mais souvent aussi les nouveaux colons, saisis d'ennui, abandonnent la ville improvisée, chargent à bord d'un autre navire les maisons et les charrues, et fuient le rivage qui se recouvre de sa végétation inculte. On reconnaît la trace de ces colonies éphémères à la coupe des bois, aux sillons des champs encore sensibles sous les fortes herbes qu'ils se hâtent de pro-

(1) Nom donné aux Américains du Nord.

duire. Aux Indiens on apporte des fusils pour rendre leurs guerres entre eux plus meurtrières; de l'eau-de-vie, pour exciter leurs passions. Quelques ustensiles de ménage, des étoffes mieux tissues que les leurs, sont de faibles compensations aux fléaux que l'on entretient parmi eux.

L'esprit le plus inculte, l'âme la plus grossière ne saurait voir les grandes scènes de la nature sans éprouver de subites inspirations religieuses. Pour la première fois depuis bien longtemps, Ivan sentit renaître en lui quelque chose de semblable aux émotions pieuses de sa première enfance, en contemplant l'admirable spectacle qui s'offrit à lui en arrivant par le lac Ontario devant la chute du Niagara. C'était à peu près ainsi que son cœur battait autrefois involontairement, lorsque, dans l'église, à travers des nuages d'encens, il croyait entrevoir sur l'autel l'image de la Divinité. Longtemps avant que d'arriver à la chute gigantesque, Ivan et les autres voyageurs avaient pris terre sur le rivage. Aucune embarcation ne s'expose sur l'eau tourbillonnante du lac qui reçoit le Niagara. On entend de loin un bruit semblable à celui du mugissement des bêtes féroces. En approchant, le bruit assourdit, et la brume qui s'élève au-dessus du torrent se répand au loin dans l'air, et retombe en une pluie pénétrante. Arrivé devant le saut, on voit une immense nappe d'eau divisée en deux branches, et qui tombe de quatre cents pieds de hauteur. En se précipitant, le torrent fracasse les rochers, entraîne les animaux imprudents qui s'approchent de ses ondes. Un rayon de soleil éclaira la nappe limpide, et fit briller toutes les couleurs de l'arc-en-ciel aux yeux des spectateurs muets d'admiration et de respect. Sous le voile diaphane, on apercevait des rochers, des arbres, des lianes attachés au sol qui soutient la chute, et cependant assez distants de l'eau pour demeurer sans péril sous la courbure formée par son essor.

— Celui qui a fait cela est grand! murmura Hervey en se sentant entraîné à rendre hommage à Dieu devant une œuvre si au-dessus de la portée humaine. Un vif désir de prier s'agitait en son cœur; mais il avait oublié les formules apprises de la voix de sa mère; le repentir se mêla à ses regrets. A mesure qu'Ivan s'améliorait, le souvenir de sa mère s'établissait plus vif, plus pénétrant en lui. Les conseils qu'il avait repoussés par des plaisanteries, les larmes qu'il avait froidement laissées couler, lui revenaient à la mémoire, et le forçaient à s'armer de nouvelles résolutions pour s'affermir dans sa vie honnête et laborieuse. Parfois, une voix intérieure lui parlait un langage si énergique, que le jeune homme se demandait si Dieu avait permis à sa mère de devenir son guide invisible, après avoir quitté sa forme terrestre.

Cette pensée, il n'osait la communiquer à personne; mais il la portait en lui, et elle avait une influence directe sur toutes ses actions. Tout en recherchant avec quelque avidité les moyens de rétablir sa fortune, Ivan se montrait probe dans ses transactions, rigoureux observateur de sa parole; et comme s'il s'était souvent surpris inférieur en courage à ses compagnons accidentels, son grand désir était de surmonter toute faiblesse personnelle à ce sujet. Devenir brave, rester honnête homme, Ivan bornait à peu près là ses prétentions morales. Tout en cherchant à se perfectionner dans ces deux voies, il se trouvait souvent en contact avec les sentiments religieux, source de toute vertu.

En se rendant au Canada, le jeune Hervey s'était fait un grand plaisir de penser que, si loin de sa patrie, il allait habiter au sein d'une colonie française, retrouver parmi ses compatriotes les goûts et les usages communs aux hommes du même pays. Excepté sous le rapport du langage, son attente fut complétement trompée. La colonie du Canada a conservé intactes les traditions importées de France longtemps avant la révolution. La domination anglaise n'a même pas altéré les mœurs des Canadiens français : droits seigneuriaux, influence des curés sur leurs paroissiens, priviléges héréditaires, tout s'y est maintenu sans altération.

Au milieu de l'aristocratie ancienne, Ivan prit le rang qui lui revenait, celui d'un simple marchand arrivé de bien loin pour se livrer au commerce. Il s'établit à York, loua une petite maison, et déballa la pacotille dont il s'était muni d'avance. Décidé à se borner aux achats de pelleterie, à chasser lui-même avec les Indiens, s'il parvenait à s'introduire parmi eux, Ivan avait eu surtout en vue d'attirer les indigènes dans sa boutique. Ses provisions s'adressaient particulièrement à leurs besoins : de l'eau-de-vie, des fusils, des couvertures, des couteaux, des haches, des marmites, des chaudières et une raisonnable quantité de verroteries devaient bientôt passer des magasins du commerçant sous les huttes sauvages.

Par une adresse assez rare, Ivan, au lieu de rançonner impitoyablement les Indiens qui venaient chez lui, se contentait de vendre à un bénéfice raisonnable ce qu'ils achetaient. Habituellement un verre d'eau-de-vie donné concluait le marché déjà très-avantageux pour le sauvage. De pareils procédés firent une haute réputation au nouveau marchand dans les tribus voisines. Aussitôt arrivés à York, les indigènes s'établissaient dans le magasin d'Ivan, fumaient leur pipe, échangeaient avec lui quelques paroles amicales, et, soit qu'ils achetassent ou ne fissent que prendre du repos chez lui, la même cordialité les attendait au départ comme à l'arrivée. Un vénérable prêtre attaché aux missions, et qui prenait un grand intérêt à la conversion des sauvages, ne tarda pas à rechercher la société du jeune négociant. D'abord, il vint chez Ivan pour le remercier de la bonne opinion que sa conduite généreuse donnait des chrétiens aux peuplades environnantes. « Si tous les Européens se conduisaient comme vous, lui dit le père Xavier, la propagation du christianisme deviendrait bien plus facile parmi ces peuples simples et toutefois clairvoyants.

— Mais, dit Ivan en rougissant, je dois vous avouer, monsieur, que mes vues sont un peu étrangères aux motifs que vous me prêtez.

— Vous faites le bien, répondit le prêtre, le Seigneur vous en tiendra compte, pourvu que vos sentiments partent d'un motif désintéressé.

— Un négociant n'est pas obligé d'oublier le soin de ses intérêts.

— Quoi! interrompit le père Xavier, cacheriez-vous quelque perfide dessein sous de nobles apparences?

— Non; mais en traitant favorablement les Indiens, je cherche simplement à me faire des amis assez sincères parmi eux, pour que je puisse sans danger m'associer à leurs chasses quand viendra l'hiver. Acheter les peaux qu'ils vendent au retour de la belle saison est moins avantageux que d'aller abattre soi-même les martres et les renards; car les indigènes commencent à connaître très-bien le prix de ces marchandises.

— Je puis vous aider à obtenir ce que vous souhaitez, dit le prêtre; et je le ferai volontiers, parce que je ne vois rien de blâmable dans vos projets. A ma recommandation, vous trouverez sûreté et bon accueil parmi les Hurons chrétiens. Depuis longtemps des missionnaires ont converti une partie de cette tribu; je fais de mon mieux pour continuer leur œuvre, en visitant de temps à autre les familles qui sont restées fidèles. A mon prochain voyage nous pourrons y aller ensemble. Toutefois je dois vous dire que depuis longtemps je ne vois plus venir à Yorck Tégahkouita ni son père qui est le chef des Hurons. La jeune fille n'a certainement pas été infidèle à la religion ; mais j'ai moins de confiance en la fermeté de Nahulko. Il est ambitieux, et pour conserver son titre, il abjurerait volontiers la croyance embrassée. Un fort parti de Hurons s'est détaché de lui, le reste de la tribu menace encore de se dissoudre. Ma faible parole est impuissante à lutter contre des intérêts aussi pressants pour un chef indien. Le titre de *chef* appartient ordinairement au plus brave guerrier de la tribu. Perdre ce rang, c'est reconnaître à un autre des qualités supérieures à celles qui ont fait votre gloire. Nahulko ne saurait jamais supporter sa chute au nom de l'humanité chrétienne. Il est certains points du caractère indien que rien ne peut modifier.

— Il serait désagréable pour moi d'être arrivé dans un moment où la divison se met parmi les sauvages, interrompit Ivan.

— J'oubliais, reprit d'un ton attristé le missionnaire, que nous poursuivons des intérêts différents.

— Cela n'empêchera pas, dit le jeune homme touché du désintéressement du prêtre, que vous pourrez compter sur moi, comme, de mon côté, je mets toute ma confiance en vous.

— C'est bien, ajouta le père Xavier en prenant congé du négociant, je vois que nous ne tarderons pas à nous entendre. Vos bienfaits vous seront comptés malgré vous; je vous l'ai dit.

Depuis ce jour, le missionnaire revit souvent Hervey, et leurs conversations au sujet des sauvages finirent par modifier en effet les sentiments du spéculateur. L'affection qu'il prenait pour le père Xavier le préparait à recevoir sans défiance les enseignements pieux qui ressortaient à chaque instant de ses discours; c'était un nouveau progrès de fait dans le sentier des améliorations. Quelquefois Ivan s'avouait avec une vraie jouissance intérieure que les gens qui l'avaient connu naguère en France auraient bien de la peine à croire sur parole au changement qui s'était opéré en lui.

A York, on avait surnommé Ivan, l'Indien, à cause de la préférence marquée que lui accordaient tous les indigènes. Ceux qui arrivaient à la ville pour acheter leurs munitions de chasse demandaient d'abord la demeure du nouveau blanc; aussi ne cessait-il de faire revenir de la poudre, du plomb, des Etats-Unis pour son commerce. Quand Nahulko revint à son tour dans l'établissement anglais, il parut très-bien informé sur le compte du marchand, et se rendit chez lui sans avoir parlé à personne. Nahulko fit des emplettes magnifiques en fusils, en ustensiles de ménage, en tabac et en eau-de-vie. Ses moyens d'échange étaient des peaux de castors, des madriers de bois précieux que des Indiens gardaient dans des pirogues sur les bords du fleuve; et néanmoins, avant de conclure un marché qu'il paraissait décidé à faire, l'Indien s'arrêta : — Tout cela, dit-il en assez bon français au commerçant, doit servir à marier ma fille Tégahkouita, si le père Xavier consent à venir parmi nous pour cette cérémonie. Je ne puis rien terminer avant de l'avoir vu, et qu'il ne m'ait promis de visiter nos cabanes pour les fêtes que nous préparons.

— Je sais, répondit Ivan, que le père Xavier est très-disposé à vous donner toutes sortes de preuves de son intérêt. Vous n'avez qu'à lui parler pour obtenir son consentement.

— Un ami, dit Nahulko d'un air rusé, saurait mieux expliquer à un prêtre ce que j'ai à dire, que je ne pourrais le faire moi-même ; et si les provisions apportées n'avaient pas suffisamment payé les marchandises que je prendrai, si le père Xavier vient, vous n'avez qu'à parler, et je doublerai le nombre des peaux aussi bien que celui des madriers d'acajou, avant de repartir. Il est arrivé plus d'un Indien à York aujourd'hui; aucun n'est venu les mains vides; ils me prêteront tout ce qu'il faudra pour payer le service que je demande.

— Certes, répondit Ivan charmé de ces propositions, je puis sans peine vous promettre que le père Xavier ira chez vous, vos offres étant sincères.

— Si la proposition était facile à présenter, interrompit l'Indien, je n'y mettrais pas un aussi grand prix. Ecoutez donc ce qui me reste à dire. Il faut, dit-il, que mon père s'engage d'avance à marier ma fille à l'homme que je lui présenterai.

— Ah! dit Ivan, il est possible en effet qu'il veuille examiner le choix que vous faites. Alors, allez lui parler vous-même.

— Notre marché est rompu, reprit l'Indien; je repasse le fleuve. En me rendant à Québec, je trouverai facilement le missionnaire qu'il me faut; car si la dépouille de cinquante renards, ainsi que cent peaux de martres, doivent, avec ce que j'ai déjà promis, décider un négociant à me seconder, je ne craindrai pas de les donner pour payer celui qui me procurera un prêtre.

— Restez donc, répliqua Ivan, je ne veux pas laisser faire à un autre ce que je puis amener à bien. Si je m'effraie, c'est parce que je connais le père Xavier; mais peut-être se montrera-t-il favorable à votre projet. Il aime votre fille, et m'a souvent entretenu de ses espérances sur elle. Sa piété est d'un excellent exemple sur les autres femmes de la tribu. Expliquez-vous donc sans détours, et je me charge de vos intérêts auprès du missionnaire.

— Je veux la marier à un idolâtre, dit Nahulko; c'est le seul moyen qui me reste pour que les chrétiens indiens échappent à une guerre plus cruelle que nos forêts n'en ont encore vu.

— A votre place, reprit Ivan d'un air mystérieux, je chercherais d'abord à obtenir du père Xavier qu'il se mît en voyage, et j'abandonnerais le reste à sa prudence, quand il serait chez vous. Je suis bien assuré qu'il partira volontiers. Une fois là, l'amour de la paix, l'envie de contribuer à votre bonheur, pourront le décider.

— Eh bien! répondit l'Indien, que cela soit ainsi, la charge de mes trois canots est à vous.

— Revenez demain, ajouta vivement Hervey, tenez vos échanges prêts, moi je vous garantis le voyage du bon religieux; et même, reprit-il d'un air de bonhomie, je le suivrai vers vos tentes, si cela peut vous faire plaisir, pour défendre vos intérêts jusqu'à la fin.

La répugnance habituelle des Indiens à recevoir des hôtes étrangers parmi eux ne parut pas en cet instant. Nahulko se montra joyeux à ces paroles et dit à Ivan qu'il voyait bien que les Hurons, ainsi que les autres peuplades, avaient raison de l'appeler du nom d'*ami*, et qu'il serait reçu en frère dans leurs villages.

Pendant qu'Ivan se laissait entraîner par des vues d'intérêt personnel, le père Xavier recevait de son côté un message de la jeune fille indienne, et se décidait en toute connaissance de cause à aller s'exposer à d'inévitables périls pour la protéger. Tégahkouita avait trouvé, parmi les hommes de sa tribu, un chrétien zélé qui venait de sa part révéler au missionnaire l'embarras où elle se trouvait. La jeune indienne avait été instruite dans la religion chrétienne par le père Xavier; sa piété était telle, que plusieurs fois elle avait voulu prononcer le vœu de ne pas se marier. Par égard pour la situation de son père, le missionnaire s'était toujours opposé à ce projet. Nahulko pouvait augmenter son influence sur sa tribu en se choisissant un gendre digne de Tégahkouita, sa fille unique. Il la détourna donc tout à fait de prononcer un vœu contraire aux intérêts de sa tribu. En agissant ainsi, le missionnaire entendait bien que la jeune Indienne épouserait un chrétien, et fonderait une famille chrétienne de plus parmi les Hurons ; mais il en arrivait tout autrement. Nahulko, menacé dans son pouvoir par un parti de Hurons restés attachés au culte de leurs fétiches, faisait de sa fille le prix d'une paix honteuse ; et Tégahkouita apprenait au missionnaire que, s'il ne venait pas à son secours, elle allait devenir la quatrième femme de l'adversaire de son père.

S'aventurer parmi les sauvages dans le moment d'une semblable effervescence était dangereux. Le père Xavier ne pensa point au soin de sa conservation personnelle, il promit de partir immédiatement.

— Mais, dit-il au messager, comment serai-je reçu par Nahulko ? Qui lui expliquera l'à-propos de mon arrivée ?

— Nahulko viendra lui-même vous prier de le suivre, car il est ici, reprit le sauvage. Afin de ne pas se séparer des chrétiens qui le reconnaissent pour chef, il veut qu'un prêtre bénisse le mariage de sa fille. Tégahkouita espère bien que vous détournerez son père d'un si coupable projet. Si elle avait pu s'échapper, elle aurait déjà quitté la tente de Nahulko; mais il se défie de ses intentions et la fait surveiller. Il faut donc que vous veniez porter des paroles de paix parmi les peaux rouges, qui sont en guerre à cause de leur religion.

— J'irai, répéta le père, j'irai; aucun danger ne me retiendra, donnez-en l'assurance à Tégahkouita.

L'envoyé se sauva rapidement, car il avait à se garder d'être surpris par son chef ou par les Indiens qui l'avaient suivi.

Peu d'instants après cette promesse faite, Ivan se présenta chez le père Xavier.

— Je suis chargé, dit-il en entrant, de vous demander si vous voulez venir voir vos enfants les Indiens. Nahulko est arrivé à York ce matin : il va y avoir de grandes réjouissances, des mariages parmi les Indiens catholiques, et vous êtes attendu pour sanctifier les unions à la première solennité. Le hasard a voulu que Nahulko s'approvisionnât chez moi : il m'a mis au fait de ses projets, et m'assure un accueil favorable chez les siens. Me voilà bien déterminé à partir avec vous : donnez-moi votre réponse, que j'aille au plus tôt la porter à cet Indien.

— Si Nahulko avait des intentions aussi pacifiques, et que je fusse appelé, en effet, pour des fêtes dans sa tribu, il serait venu lui-même me porter sa demande. Mais cet Indien s'est joué de vous, et il espère que vous donnerez avec moi dans le piége qu'il tend à notre confiance. Nahulko est en péril parmi les siens; il m'appelle pour appuyer de mon autorité un mariage que la religion réprouve. La guerre est sur le point d'éclater sous ses tentes. En donnant sa fille à un idolâtre, il espère pacifier les troubles. Ma présence et surtout mon assentiment à cette union feraient tomber les justes scrupules des chrétiens prêts à se détacher de lui. Je pars, malgré le danger qui s'annonce; vous ne mettez pas en doute que je résiste à toute transaction coupable. Mes exhortations suffiront-elles pour maintenir la paix? saurai-je concilier des partis exaspérés? j'en doute. Toutefois, je me rends à un devoir pressant, sans m'inquiéter de ce qui peut m'arriver. Mais vous, mon cher fils, dit d'une voix paternelle le père Xavier, aucun motif ne vous engage à partir. Je suis heureusement instruit à fond de ce qui se passe; il y aurait péril pour vous en ce moment chez les Indiens, et vous ne vous exposerez pas inutilement à y venir.

Cette noble et simple réponse troubla le jeune homme : il sentait une honte profonde de la ruse qu'il employait, et éprouvait une humiliation presque égale à voir qu'il était la dupe d'un sauvage. Il n'osa pas ouvrir en ce moment son cœur au digne prêtre; mais, pour se relever à ses propres yeux de la faute qu'il venait de commettre, il persista dans sa résolution de suivre le père Xavier.

— Puisque je me suis sottement laissé employer

à vous tromper, répliqua Ivan, vous me permettrez bien de partir pour m'associer volontairement à votre destinée. Tel que vous me connaissez, vous savez bien que je risquerais volontiers ma vie pour gagner une centaine de francs; aujourd'hui, j'éprouve le besoin de faire une bonne œuvre : ce ne sera pas vous qui m'en détournerez. Mes conventions sont faites avec l'Indien, il m'emmène...

Plus le missionnaire insista pour le détourner de ce voyage, plus Ivan se sentait encouragé, par le besoin d'expier sa faute, à se montrer inébranlable.

— Venez donc, dit enfin le père Xavier, et que le Seigneur vous protége!

Le Huron ne tarda pas à avoir la réponse promise par Ivan. Leur marché se conclut immédiatement. Seulement, sans parler des motifs qui le faisaient agir, le négociant ajouta quelques poteries et quelques aunes d'étoffes aux achats faits, afin d'établir une compensation de conscience pour le mauvais rôle accepté quelques instants avant. Le départ fut fixé au lendemain matin. Ivan fit préparer des nattes aux Indiens qui passèrent la nuit chez lui. À l'heure fixée, le père Xavier ne manqua pas de se trouver au rendez-vous.

— Je vois que mon frère a porté la parole pour moi, dit le sauvage au missionnaire, et je suis prêt à guider mon père vers les tentes des Hurons.

— Ai-je jamais refusé de marcher pour le service du Seigneur et le bien de ses enfants? reprit le père Xavier, qui imita le langage compassé qu'affectait alors le sauvage; seulement, mon fils doit savoir que je reçois la parole d'en haut pour la transmettre pure de toute fraude aux Indiens rouges comme aux blancs.

Le Huron branla la tête et ne répliqua point. Quelques moments après, il demanda si l'on voulait se mettre en route. Tout était préparé d'avance : les bagages furent confiés aux Indiens restés dans les pirogues; ils devaient transporter tour à tour par eau et par terre, à charge d'homme, les canots et ce qu'ils contenaient. Des chevaux attendaient les voyageurs devant la porte. Le chef indien avait le sien, et quatre sauvages également montés lui servaient d'escorte. Tout près des établissements européens commence le désert : l'ecclésiastique et le Français marchaient à côté de cinq Indiens à demi nus, armés du tomahawk (1), le corps et le visage bariolés de dessins bizarres, la tête soigneusement rasée, moins une seule mèche conservée sur le crâne, et qui est l'objet de défis perpétuels dans les guerres des sauvages entre eux. Enlever ce trophée à l'ennemi est un titre de gloire : la valeur d'un guerrier s'apprécie par le nombre de chevelures qu'il porte à ses jambes. Nahulko en avait une profusion. La petite caravane traversa bientôt une de ces belles forêts, comme on n'en voit dans aucune autre partie du monde : des arbres gigantesques étendent leurs

(1) Petite hache bien affilée dont ils ne se séparent jamais.

branches nerveuses et enlacent leurs feuillages en une même voûte; ce sont des chênes, des sapins, des bouleaux, des hêtres, l'orme et l'érable, que l'on rencontre le plus fréquemment; des lianes courent sur le tronc des arbres, leurs fleurs répandent un doux parfum dans l'air. Au tronc noueux des arbres, à leur écorce épaisse, il est facile de voir que de rudes frimas passent néanmoins sur ces lieux, qui semblent enchantés durant la belle saison.

Comme à dessein, le chef huron maintenait l'entretien sur la chasse, la pêche : plus souvent encore il restait silencieux; jamais il ne revenait sur le motif qui lui avait fait souhaiter la visite du père Xavier dans sa peuplade. Le prêtre observait la même réserve; Ivan comprenait que cette tactique tenait, de sa part, à une grande connaissance des habitudes sauvages. En effet, si l'on tient à paraître sage et prudent à leurs yeux, il ne faut point parler tout d'abord des sujets que l'on a le plus à cœur de traiter.

Les Indiens ne font aucun cas de ce qu'on appelle communément la rondeur en affaires; ils estiment fort au contraire celui qui, sans les tromper, les amène d'une manière imprévue à la conclusion forcée d'un marché ou d'une négociation.

Les jours de marche se succèdent. On traversa alternativement des prairies, les lacs, des rivières, on revit des forêts, sans que rien changeât dans la situation apparente des voyageurs. En approchant du lieu du campement, l'Indien dit enfin au missionnaire : — Mon père a-t-il remarqué combien notre route a été paisible?

— Je vois avec joie que le tomahawk de mon fils lui sert de calumet plutôt que d'arme, répondit le père Xavier.

En effet, le tomahawk du chef contenait dans son manche une pipe, dont la hache formait le fourneau.

— Si mon père était venu il y a moins de trois lunes, continua l'Indien, son cœur aurait été attristé d'un spectacle bien différent; il aurait trouvé notre peuplade divisée, et les armes de ses enfants rougies du sang les uns des autres.

— Les hommes oublient souvent les conseils de la sagesse divine, dit le père Xavier sans témoigner le désir d'apprendre ce que le sauvage tardait tant à exprimer.

Ces lenteurs impatientaient Ivan : il voulait presser l'explication, afin de savoir ce que l'avenir leur réservait. Il crut se conformer parfaitement aux usages parlementaires en disant au sauvage :

— Mon frère aura eu une guerre à soutenir, et il en sera sorti victorieux?

— Laissez à mon fils le soin de raconter seul, et selon son désir, ce qui le touche personnellement, interrompit le père Xavier en s'adressant à Hervey d'un ton de reproche très-marqué.

— C'est, reprit celui-ci avec une nuance de moquerie, que par la voie que prend mon frère, il n'aura rien achevé avant d'arriver au village.

— Mon fils connaît mieux que vous, dit le père Xavier, ce qui lui reste à dire et le chemin à parcourir. C'est donc à lui, et non à vous, de prendre soin de ses propres affaires.

Cette réprimande du père Xavier parut fort à propos au sauvage; mais, par générosité, il ne se montra point offensé, et excusa lui-même l'interrupteur.

— Si mon frère n'a pas vécu longtemps parmi les anciens de sa nation, dit-il, il ne faut pas s'étonner qu'il aime mieux parler qu'écouter.

Malgré sa bonhomie habituelle, Ivan trouva fort déplacé qu'un Huron prétendît lui donner des leçons de savoir-vivre. La mauvaise humeur qu'il en ressentit était si vive, qu'il fut prêt à chercher querelle au sauvage.

Heureusement que la prudence du père Xavier détourna le danger. Il rapprocha son cheval de celui du jeune homme, et lui rappela, à voix basse, combien il serait téméraire d'aigrir la discussion par des motifs puérils, quand on allait avoir tant de graves intérêts à traiter avec les sauvages.

Convaincu de l'importance de cet avis, Hervey se mit cependant à siffler l'air *J'ai du bon tabac*, en battant la mesure avec une houssine sur le dos du cheval. L'Indien ne vit rien de provoquant pour lui dans cette manière d'agir, qui eût été une insulte entre deux hommes civilisés. Le sauvage se contenta de penser que le Français paraissait fort turbulent et irréfléchi; de là il fit naturellement un retour sur la forme toute différente des usages communs aux Indiens, et il se glorifia d'appartenir à cette race privilégiée. Pour le moment, en vérité, toute la dignité et la supériorité de raison étaient de son côté; sa physionomie était calme et posée; il n'aurait pas permis à son œil noir et brillant de trahir le moindre blâme, non plus que l'ironie; et, dès que le père Xavier reprit la conversation précédente, le sauvage s'empressa de renouer l'entretien malencontreusement interrompu.

Après des détours sans fin, Nahulko avoua au missionnaire le véritable état des choses. La peuplade des Hurons s'était divisée pour cause de religion. Une lutte à main armée s'en était suivie; depuis on avait fait la paix. Les conditions du traité montraient combien il est difficile de convertir profondément les sauvages. Quelque ferveur qu'ils montrent pour la foi enseignée, il leur reste toujours un certain attrait pour les superstitions indigènes, et ils les associent volontiers à la croyance acceptée, dès que les missionnaires se retirent du milieu des convertis. Les chrétiens s'étaient engagés à rétablir les manitous dans leurs cabanes, à permettre des supplices pour les prisonniers faits à la guerre; mais les idolâtres ne devaient plus porter leurs mains sacriléges sur la chapelle des catholiques, et ceux-ci prieraient le Grand-Esprit de ne point déclarer la guerre aux manitous des Hurons.

Ce moyen de rétablir l'accord parmi eux fit soupirer le révérend père. Le point le plus difficile restait encore à avouer; aucune question n'arrivant de la part du prêtre, Nahulko continua à s'expliquer. Le Huron qui avait renié la religion chrétienne, afin de se faire un parti puissant contre le chef, n'avait en vue au fond que d'usurper le rang de Nahulko; son parti se grossit : la guerre s'alluma sanglante et acharnée. Grâce à sa valeur, Nahulko avait eu l'avantage. Les chrétiens, voyant que le Grand-Esprit était pour lui, revinrent sous son obéissance. Néanmoins la lutte pouvait se renouveler : un seul moyen s'offrait de ramener le calme. L'adversaire de Nahulko promettait de pacifier tout son parti, si Tégahkouita devenait sa femme.

Malgré sa tristesse évidente, le père Xavier écouta tous les motifs du sauvage sans lui rien dire; et ce silence, qui aurait pu donner confiance au chef, l'inquiéta au point de le rendre plus communicatif qu'il n'en avait eu d'abord le projet.

— Si mon père veut défaire ce qui a été arrangé entre les chefs, reprit Nahulko, il sera bien alors que nous revenions sur nos pas pour aller attendre dans quelque marécage bien couvert qu'on nous rapporte des nouvelles de nos tentes et des munitions de guerre. Je ne voudrais pas même, toutes ces précautions prises, assurer à mon père que sa vie ne court aucun risque parmi les idolâtres.

— Que cela ne trouble point l'esprit de mon fils, répondit le père Xavier, les serviteurs du Grand-

Esprit versent volontiers leur sang pour sa gloire.

Ivan blâmait à part lui l'imprudence du missionnaire. Mettre des entraves à la paix semblait à sa foi inorthodoxe un acte plus blâmable que de laisser une sauvage catholique épouser un idolâtre, déjà pourvu de trois femmes à la vérité; mais le sentiment de sa sûreté personnelle lui montrait ce dernier cas comme fort secondaire.

— Quand mon père aura béni le traité fait, ses paroles assureront pour toujours la paix parmi nous, dit l'Indien.

— La fraude ne produit jamais un repos durable, continua le père Xavier, qui se battait à armes égales dans cette lutte de paroles énigmatiques. Le voyage se termina sans que rien eût été décidé entre le prêtre et le chef huron.

Ce que les Indiens appellent un village n'est qu'une réunion de tentes faites avec des perches posées en faisceaux, et recouvertes de grandes écorces ou de peaux. Le voisinage des Européens n'a rien appris aux indigènes. Science, industrie, ils méprisent également ces résultats de la civilisation, ou les tiennent à si grand honneur, qu'ils ne se croient pas faits pour y atteindre par le travail. A voir les demeures mal closes des Indiens, on croirait qu'ils vivent sous un ciel chaud et d'une température invariable. Le plancher de leur hutte est de la terre battue, recouverte de nattes en jonc; un trou laissé dans le haut, à l'endroit où s'unissent les perches, sert d'issue à la fumée du feu établi au centre de la tente. Si quelques ustensiles de ménage, des fusils et des flèches sont ajoutés à ces premières dispositions, c'est alors la demeure de quelque chef puissant, dont le luxe est un objet d'admiration ou d'envie pour ses inférieurs.

A l'arrivée du chef, le village prit subitement un air de fête. Les femmes, les enfants, les guerriers et les sages se pressèrent en foule sur les pas du chef attendu. Tous étaient parés avec éclat : les visages des hommes étaient peints de diverses manières. Sous les manteaux ouverts des femmes, on voyait des colliers de verre ou de coquillages ; leurs bras et leurs jambes disparaissaient sous les mêmes ornements, répétés sur les souliers ; de longues boucles pendaient de leurs oreilles sur leurs épaules en anneaux bigarrés.

Les témoignages de joie de cette multitude s'adressèrent au père Xavier avec un redoublement de tendresse et de respect. Dans son émotion, le bon père ne savait comment reconnaître un si touchant accueil. Le chef en devint plus soumis : il voyait bien que le pouvoir du révérend père l'emporterait sur le sien, et qu'il n'en ferait que selon ses idées de justice.

Après cette réception publique, le missionnaire se fit conduire dans la tente qu'on lui avait préparée : elle était auprès de celle du chef, et la jeune Tégahkouita ne tarda pas à venir s'entretenir avec son directeur. Ivan assistait à la conférence ; mais comme la pénitente parlait la langue huronne, il comprit seulement à ses gestes qu'elle souhaitait vivement que le père Xavier la délivrât de l'obligation d'obéir à la volonté paternelle. La jeune sauvage était vêtue plus modestement que toutes ses compagnes; les ornements de son costume montraient un goût délicat, en même temps que le soin de la dignité de son rang; ses grands yeux noirs exprimaient une tristesse mortelle, et ce fut seulement lorsqu'elle se releva, après s'être mise à genoux pour se confesser et écouter les consolantes exhortations du père Xavier, qu'un sourire résigné éclaira sa physionomie. A l'air qu'avait Tégahkouita en quittant la hutte, Ivan comprit qu'un plan venait d'être arrêté entre le religieux et la fille du chef; mais s'il devait se trouver exposé par ces arrangements, il l'ignorait encore. Du moins commençait-il à sentir un vif intérêt pour la jeune chrétienne, et à comprendre que le soin de la destinée de Tégahkouita méritait quelques efforts de générosité de sa part. Si le danger prévu se déclarait, Hervey défendrait avec le même courage la vie du pieux missionnaire et celle de la fille de Nahulko.

La première journée se passa dans une réunion toute cordiale. Il y eut une grande fête le soir : on servit un repas splendide à toute la tribu. Pour des Européens, la magnificence du repas n'était pas trop sensible : les sauvages avaient fait cuire ensemble tout le gibier que la chasse leur avait offert; l'original, le bison, les oiseaux et des chiens, viande préférée par les Indiens à toutes les autres, se servaient pêle-mêle dans les chaudières. La cuisson ne dura pas plus d'une heure. Cette macédoine fut distribuée dans des écuelles d'écorce, sans pain, ni riz, ni maïs, pour déguiser quelque peu le goût de la chair des animaux. Chacun mordait à même la part qui lui était échue; les cuillères et les fourchettes ne sont point en usage chez les peuplades américaines. Une distribution d'eau-de-vie compléta le bonheur des convives. Dans les habitudes de la vie, aussi bien que dans son langage, Tégahkouita montra un savoir-vivre qui aurait peut-être paru défectueux dans un pays civilisé, mais qui, en pareil lieu, semblait en faire une créature à part. A chaque instant Hervey communiquait ses remarques au père Xavier, et témoignait sa surprise de voir une semblable femme parmi les sauvages.

Le missionnaire lui expliqua la raison de cette disparate. Tégahkouita avait passé plusieurs années à York chez des dames françaises, qui l'avaient instruite dans leur religion et formée aux travaux de son sexe. Elle savait lire, écrire, avait l'intelligence fort développée; et c'était pour mieux servir Dieu, par les conseils et les exemples qu'elle pourrait donner à ceux de sa tribu, qu'elle était revenue auprès de son père. Grâce à son éducation, à sa réputation de vertu, Tégahkouita jouissait d'une haute influence dans sa tribu. Tel était l'ascendant de cette jeune fille, que l'espoir de la mettre au rang de ses femmes suffisait pour apaiser l'ambition d'un guerrier révolté.

Malgré le bon accord apparent des deux partis naguère divisés, on remarquait bien une sorte de réserve entre les Hurons chrétiens et les Hurons restés idolâtres. Ceux-ci même paraissaient les plus nombreux et bien déterminés à ne point souffrir le moindre changement dans les conditions faites à l'avance. Le fiancé de Tégahkouita ne lui parla ni ne la regarda pendant le repas. Ivan en éprouva quelque surprise et questionna encore le père Xavier à ce sujet. — C'est, répondit le père, que les sauvages en agissent toujours ainsi en public, par respect pour les convenances. La moindre familiarité surprise entre des fiancés les perdrait dans l'esprit de toute la tribu. — Des danses succédèrent au repas. Le père Xavier prit ce moment pour s'occuper à préparer la chapelle où devait se dire la messe le lendemain; un grand nombre de jeunes filles et de femmes sauvages suivirent le missionnaire pour l'aider dans ce soin. Quand Hervey eut accordé quelques instants au coup d'œil des réjouissances tumultueuses, il rejoignit les travailleurs.

Afin de donner plus d'espace aux assistants, la saison le permettant, l'autel fut dressé sous une tente ouverte par devant et formant un dais carré et clos de trois côtés par des peaux et par des écorces d'arbres. Cette première tenture fut cachée par des guirlandes de lianes arrachées dans la forêt voisine. Tégahkouita avait depuis longtemps amassé de la cire prise dans des graines de laurier sauvage; la graisse des animaux tués servit à préparer cette cire en cierges qui promirent une somptueuse illumination pour le lendemain. La jeune Indienne arriva bientôt, suivie de quelques femmes qui portaient des charges de colliers, de médailles, d'arcs, de carquois et de flèches destinés à orner la chapelle improvisée. L'autel fut couvert d'un tissu blanc; des branches de saule surchargées de médailles en ornèrent le fond alternativement avec les cierges; des guirlandes de roses et de coquillages pendaient en festons autour de la nappe, et, malgré la rusticité de ces ornements, cette chapelle, élevée en peu d'instants sous la main des sauvages, dont une foi vive soutenait le zèle, inspirait un sentiment de profond respect.

Le travail achevé, le père Xavier demanda des rideaux pour fermer l'enceinte. On lui apporta aussitôt des peaux, où étaient grossièrement peintes des scènes de guerre. A travers les dessins confus de l'art sauvage, on distinguait des têtes coupées et des poignées de cheveux dans la main des vainqueurs. Malgré la bizarrerie de ces figures, quand les rideaux retombèrent sur le sanctuaire, Ivan crut revoir le temple primitif que les Juifs élevèrent sous la direction de Moïse; et lorsque le prêtre entonna les hymnes, le jeune homme, qui s'était autrefois promené avec impiété dans les églises, s'agenouilla dans un profond recueillement pour partager la prière des sauvages. Quand ils se relevèrent tous, le père Xavier dit à Hervey : — Que pensez-vous de notre frêle chapelle ? ne serait-ce pas un trône bien indigne du sacrifice qui l'attend, sans les merveilles qui l'entourent? Mais, voyez avec quelle somptuosité le Seigneur a dessiné la nef de notre église. — En parlant ainsi, le père désigna à Ivan l'immense espace qu'ils avaient sous les yeux. Le lac, les forêts, les montagnes, vus dans le demi-jour du soir, sous un ciel riche de tons dorés, imprégnés d'un air calme et transparent, portaient en effet l'âme à ressentir des émotions religieuses. Le jeune homme avoua sans honte ce qu'il venait d'éprouver, et son désir de se maintenir dans ses nouvelles dispositions. — Dieu exaucera ce désir, reprit le prêtre ; si j'en juge par les faveurs qu'il vous envoie, il me semble que vous avez quelque puissant médiateur auprès de lui. — Ces paroles rappelèrent fortement à Hervey le souvenir de sa mère. Dans la solitude où il se trouvait, ses pensées lui semblaient empreintes d'un caractère plus élevé qu'il ne les avait jamais senties. L'attendrissement le gagna ; les larmes inondèrent son visage. — Ma mère est morte malheureuse ; je lui ai causé mille chagrins, dit-il ; à peine si j'ose arrêter mon esprit sur le temps où j'ai vécu près d'elle.

— Votre repentir vous ménage des consolations, mon fils ; ne vous laissez point abattre quand vous en sentez les élans, mais surtout ne le traitez pas en hôte incommode, et souffrez qu'il vous conseille plus souvent dans les cas ordinaires de la vie. Nous quitterons ces lieux, Hervey ; que les impressions de cet instant vous suivent à jamais dans les habitudes que vous allez retrouver. Le mal se glisse comme une maladie contagieuse dans tous les endroits où l'homme vit en société. On laisse la conscience s'endormir au bruit de tous les frivoles intérêts de la vie matérielle. Rappelez-vous combien vous étiez éloigné, naguère, de vous croire capable d'un mouvement pareil à celui que vous ressentez aujourd'hui. Qu'y a-t-il de changé en vous cependant? Rien en apparence; seulement la scène extérieure n'est plus la même. Vous voilà distrait du soin de vos intérêts matériels, forcé de replier votre pensée sur les besoins de l'âme, et, au premier appel, vous sentez se réveiller en vous le sentiment religieux et le regret des jours mal employés.

Un bruit soudain interrompit cette conversation; c'étaient des clameurs effrayantes parties du côté des tentes. Le père Xavier n'en parut point ému : on voyait qu'il se tenait prêt à subir toutes les épreuves possibles, sans en ressentir le moindre effroi.

Les Hurons chrétiens se rapprochèrent du missionnaire, et lui apprirent que le tumulte qu'il entendait avait sans doute pour motif le retour de quelques guerriers partis depuis plusieurs jours pour aller surprendre des chasseurs outawaks dans les plaines. Les chants exprimaient le triomphe, et les chrétiens, en donnant ces détails, ne se montraient que trop sensibles au plaisir que leur promettait le spectacle du supplice des prisonniers.

— Voilà une circonstance malheureuse pour

nous, dit Ivan tout bas au prêtre. Si ces gens-là commencent à répandre le sang, ils ne s'arrêteront pas.

— La journée de demain appartient toute au Seigneur, répliqua le prêtre; je me mets entre ses mains.

Ivan n'était pas tout à fait aussi résigné. La peur l'aurait mal défendu; il tâcha de surmonter le trouble que ce sentiment jetait en lui.

Des prisonniers arrivaient en effet au village; ainsi le lendemain devait offrir à la fois une fête chrétienne et une fête sauvage. Le père Xavier et Ivan furent conduits dans la cabane où ils devaient coucher; mais, avant le repas du soir, Nahulko fit prier ses deux hôtes de venir lui rendre visite sous sa tente. En y entrant, ils virent des femmes accroupies sur des nattes : de jeunes enfants jouaient auprès d'elles; d'autres, encore à la mamelle, semblaient impassibles dans leurs maillots faits de bandelettes d'écorce. Le chef ne paraissait pas donner la moindre attention à sa famille; ses soins s'étaient visiblement attachés à faire valoir la somptuosité relative de sa tente. Sur les peaux qui en fermaient l'entrée, on avait peint diverses actions de guerre; des armes choisies, des ustensiles de ménage, étaient isolés avec soin et symétrie dans un coin. Des arcs, des flèches et des lances encadraient dans leurs dessins un sachet mystérieux occupant le centre de la tenture du fond. Ce sachet, objet de l'orgueil du chef, contenait des médicaments rendus infaillibles par la vertu des caractères magiques tracés sur l'enveloppe. Des graines de diverses couleurs et des piquants de porc-épic exprimaient dans leur arrangement les vertus du spécifique. Maître de tant de richesses, Nahulko pensait que les arrivants allaient prendre une grande idée de sa puissance en entrant chez lui. Au grand dépit du sauvage, sa splendeur parut perdue pour eux. Ivan ni le prêtre ne firent attention qu'à une petite image de la Sainte Vierge, ornée de fleurs, devant laquelle Tégahkouita s'était assise, tournant ses yeux pleins de larmes vers la sainte statue. Nahulko craignait évidemment qu'un secours miraculeux n'arrivât à sa fille; il n'osait pas lui interdire la prière, encore moins offenser la Sainte Vierge. En appelant le prêtre, il voulait lui demander de persuader Tégahkouita de se rendre à l'obéissance.

L'entretien du sauvage et de l'ecclésiastique se fit en langue huronne. Ivan s'approcha pendant ce temps de la jeune fille, et lui parla pour la première fois. On lui avait bien dit que son éducation la séparait entièrement de sa famille; mais la réserve de Tégahkouita ne lui en avait encore rien laissé voir. Pressée par le sentiment du péril que courait sa conscience, par l'horreur que lui inspirait l'union projetée, elle causa sans défiance avec l'ami de son protecteur. La fille de Nahulko s'exprimait en français avec beaucoup de simplicité, mais en même temps avec un grand charme, et la force de sa résolution contrastait étrangement avec la douceur de sa physionomie et la nonchalance de sa pose. Avant cet entretien avec Tégahkouita, Ivan était certainement, des trois personnages intéressés au drame du lendemain, le moins fervent dans la cause qu'il aurait à soutenir. Une connaissance plus intime de la jeune fille changea subitement sa tiédeur en un zèle sans bornes.

— Le père Xavier sait-il bien le danger qui le menace? dit d'abord à voix basse Tégahkouita; j'ai entendu des projets qui me font frémir. Engagez-le, je vous prie, à se sauver cette nuit; il ne peut plus rien pour moi; votre vie et la sienne sont exposées en restant ici.

— C'est à votre prière que le père Xavier est venu, répondit Ivan; il ne s'en ira pas sans vous avoir délivrée du pouvoir de votre père.

— J'espérais que la parole de Dieu éclairerait les Hurons. En l'absence des missionnaires, leur cœur s'est endurci; maintenant que mon père est venu, j'ai pu compter ceux qui étaient pour lui: le nombre en est faible; les ennemis de mon père sont plus forts aujourd'hui par le retour des guerriers. Profitez de la nuit qui vous reste, et regagnez au plus vite les lieux habités par les Européens.

— Si le père Xavier suivait votre conseil, que deviendriez-vous?

— Dieu m'a donné une volonté courageuse; il saura me secourir à propos.

— Il est inutile de parler au père Xavier de s'en aller, son courage est égal au vôtre: la mort ne l'effraie pas non plus.

— Si je pouvais tromper la surveillance de Nahulko! mais je suis gardée à vue : l'inquiétude que lui donneront ses ennemis empêchera mon père de s'endormir cette nuit; sans cela je vous servirais moi-même de guide pour quitter le village. Mon Dieu! ajouta la pieuse fille, j'étais venue ici à bonne intention, permettrez-vous que j'en sois si cruellement punie? On m'a élevée au-dessus des miens en m'instruisant; j'ai tâché de rester humble de cœur; j'ai préféré la tente de mon père à toutes les douceurs de la vie civilisée. Que vais-je devenir maintenant?

Pendant que les deux jeunes gens causaient ainsi, l'ecclésiastique et le chef indien ne semblaient nullement d'accord: le père montrait Tégahkouita, menaçait et priait tour à tour le missionnaire sans faire fléchir sa volonté. Ils se quittèrent sans avoir rien obtenu l'un de l'autre.

— Direz-vous la messe demain? demanda Ivan au père Xavier lorsqu'ils se retrouvèrent seuls.

— Oui, dit brièvement celui-ci.

— Et vous marierez Tégahkouita?

— Non.

— Si j'avais connu plus longtemps cette jeune fille, reprit Ivan, je crois que je me proposerais pour l'épouser.

— Est-ce un piége que vous me tendez, reprit le père Xavier, ou bien le ciel vous inspire-t-il cette pensée dans sa miséricorde?

— Je parle en toute bonne foi, continua Ivan. Me voilà d'âge à m'établir; ma fortune n'est pas avancée, mais en l'offrant à Tégahkouita, c'est lui faire un sort de reine. Une fille européenne qui me plairait croirait m'accorder une faveur en m'épousant. Votre petite sauvage me trouvera toujours bien au-dessus de tous les gens de sa tribu. Pensez-y bien, mon père; je remets mon sort entre vos mains, et vraiment je me sens ému de compassion et de respect en pensant à votre protégée.

— Assez, assez, interrompit le prêtre : si la Providence vous approuve, elle nous secondera. N'émoussons pas notre courage en nourrissant un espoir chimérique, lorsqu'un danger imminent et presque inévitable nous environne. Dormez, mon cher enfant; pour moi, je dois passer la nuit à prier.

Parler au père du conseil donné par Tégahkouita était inutile; Ivan se rendit simplement à l'avis du père Xavier. Le sommeil s'empara de lui, et il faisait jour quand il s'éveilla le lendemain.

Le fiancé de Tégahkouita s'était fait remettre la garde des Outawaks. Il conduisit les prisonniers non loin de la chapelle, les enchaîna solidement à des arbres voisins, plaça deux sentinelles auprès de chaque victime, et vint attendre dans le lieu consacré l'arrivée du prêtre et des fidèles appelés à la cérémonie. Tout était préparé; Nahulko amena sa fille; le père Xavier monta sur les marches de l'autel. Un profond silence s'établit dans l'assemblée. L'impression grave, calme et pleine d'une noble ferveur répandue sur toute la personne du missionnaire, imprimait déjà le respect ; Tégahkouita se réfugia tremblante auprès de lui. Ivan suivait des yeux la jeune fille ; il prit place à ses côtés. Pendant le premier moment de recueillement, le bruit d'une cascade lointaine, les chants des oiseaux, le murmure d'un vent frais, semblèrent se faire les interprètes des prières qui se formulaient en silence dans tous les cœurs.

— Mes enfants, dit enfin le père Xavier, j'ai voulu vous parler à tous ensemble et dans ce lieu, afin que vous voyiez en moi l'interprète du Grand-Esprit et que vous ajoutiez foi à mes paroles. C'est en son nom que j'interrogerai vos chefs sur vos intérêts communs et les leurs.

— Vous souhaitez la paix, continua le père ; en l'obtenant, vous en profitez tous. C'est assez pour la vouloir, et le Grand-Esprit bénira ceux qui auront épargné le sang de leurs frères. Mais le Seigneur vous a donné d'autres lois encore, qu'il ne vous est pas permis d'enfreindre. Il est défendu aux chrétiens de faire alliance avec les idolâtres, et vous consentez cependant à voir la fille de votre chef, Tégahkouita, qui a tout quitté pour venir parmi vous prier Dieu en votre nom ; vous consentez à la voir passer malgré elle parmi les infidèles. C'est une injustice qui ne s'accomplira pas, car le Grand-Esprit m'a dit : « Lève-toi, vieillard, et va trouver tes fils les Hurons ; dis-leur de ma part que s'ils oppriment le faible, je les opprimerai à mon tour, en suscitant de nombreux ennemis contre eux.

— Les Hurons ont vaincu les Outawaks, interrompit à haute voix le fiancé de Tégahkouita, et les manitous de nos pères sauront bien protéger la fille de Nahulko.

Une sourde rumeur, partie du côté des chrétiens, s'éleva contre l'interrupteur.

— Vous avez compté sur moi pour bénir ce mariage, reprit le père Xavier, je m'y refuse et je défends.....

— Mon père, dit d'une voix tremblante la jeune fille, si vous voulez recevoir mes vœux, je vais devant toute la tribu me consacrer pour toujours au service de la Vierge.

— Au nom du Ciel, lui dit Ivan de manière à n'être entendu que d'elle seule, n'en faites rien ; laissez passer ce péril, et je m'engage à vous prendre pour femme et à vous conduire à York avec moi sous la garde du père Xavier.

Tégahkouita jeta un regard plein de reconnaissance sur le jeune homme ; mais elle sembla encore attendre que le prêtre lui accordât ce qu'elle demandait.

— Ce n'est pas dans le moment du danger qu'il faut s'engager, répondit le père ; mettez votre confiance en Dieu, ma fille : il saura toucher les cœurs de vos frères, et s'ils le veulent, vous êtes en pleine sûreté et liberté ici. En est-il un de vous qui veuille sacrifier cette pieuse enfant ? qu'il se lève et vienne le dire au pied de cet autel.

Personne ne parla. Le père Xavier sentait bien cependant que la cause n'était pas gagnée. Néanmoins il feignit de le croire; et passant à un autre sujet, il se mit à parler contre les usages barbares de la guerre entre les idolâtres. Faisant un appel à la religion des chrétiens, il les engagea à intercéder pour les malheureux captifs amenés près d'eux. Bien loin de se laisser persuader par les expressions du père Xavier, celui qui prétendait à la main de Tégahkouita sortit de sa place et entraîna plusieurs Indiens sur ses pas. Tégahkouita leva les yeux sur son père pour lui demander du secours : elle rencontra un regard irrité et menaçant qui la fit légèrement tressaillir.

Le prêtre ne parut plus s'occuper des dispositions de la multitude; sa parole avait échoué; il commença le service divin, et semblait s'offrir lui-même pour victime à l'autel, en demandant à Dieu de prendre en pitié cette race insensée. Du moins la fermeté du missionnaire, le respect involontaire qu'inspirent aux sauvages les cérémonies religieuses, maintenaient encore le bon ordre et une sorte de ferveur parmi les chrétiens. Un appel à leurs habitudes traditionnelles changea subitement l'attitude de l'auditoire. Près du lieu de prière, on entendit s'élever, d'abord sourdement, puis avec éclat, le chant funèbre, précurseur du supplice des prisonniers. Le cortége des captifs, entourés de leurs bourreaux, s'arrêta devant l'autel, et les tortures commencèrent immédiatement. A mesure que l'ivresse du chant semblait échauffer la férocité des vainqueurs, les prisonniers, étroitement garrottés avec des liens qui entraient dans leurs chairs, affectaient un air plus insouciant de leur sort. La voix suppliante du prêtre montait en vain vers le ciel, le tumulte croissait; les Indiens abandonnèrent, après quelque hésitation, le lieu de la prière pour aller vociférer avec leurs compagnons. Rien ne peut égaler l'ingénieuse cruauté des sauvages dans les moyens qu'ils inventent pour ébranler la fermeté des prisonniers et leur arracher quelques plaintes. Mais ceux-ci se montrent héroïques; ils pensent qu'une fin glorieuse les destine à retourner vivants vers une terre inconnue, où leurs pères morts les attendent depuis longtemps. A toutes les blessures qu'ils reçoivent, aux atteintes du feu, aux coups multipliés qu'on leur porte, ils répondent par des chants ou par un air d'indifférence qui ferait croire que la volonté a rendu la chair insensible en eux. Pendant longtemps les démonstrations furieuses des Indiens s'arrêtèrent toujours au moment d'atteindre les captifs. Mais un premier coup donné fut le signal de toutes les attaques : les uns arrachèrent les ongles des prisonniers, d'autres leur coupèrent la langue, les doigts et les oreilles; les fers rougis étaient appliqués sur les plaies sanglantes, tandis que de jeunes enfants s'exerçaient aux mêmes cruautés en employant des bâtons ou des couteaux pour lacérer les malheureuses victimes. A cette vue, Le père Xavier tomba sur ses genoux en élevant ses mains vers le ciel : — Grâce! grâce! s'écria-t-il, je vous en supplie au nom du Dieu qui a donné le sang de son fils pour sauver les créatures humaines.

.... Inutile appel. Une ivresse insensée les domine tous; Nahulko lui-même s'est mêlé à la multitude. Ivan et Tégahkouita restèrent seuls au pied de l'autel. Ils avaient tout à craindre de l'effervescence de ces frénétiques. Pour s'isoler de l'horrible scène qui se passait, le père Xavier referma sur l'enceinte sacrée les rideaux de peaux destinés à cacher l'autel. Tégahkouita et Ivan restèrent avec lui dans cet asile.

— Mes enfants, dit le père Xavier aux deux jeunes gens, il faut que vous tâchiez de fuir au plus vite vers une autre terre; moi, je resterai pour détourner les soupçons et pour tâcher de ramener ces insensés. Approchez-vous de l'autel, Ivan, et afin que je puisse en toute sûreté vous remettre la garde de cette jeune fille, unissez-vous à elle dans les formes prescrites par l'Église.

— Tégahkouita, j'ai éprouvé le cœur de ce jeune homme : c'est un appui que la Providence vous envoie; acceptez-le pour époux, et ne restez pas davantage au milieu de ces réprouvés.—L'expression d'autorité qu'avait le prêtre n'admettait pas d'hésitation. Ivan et Tégahkouita obéirent : et tandis qu'à quelques pas d'eux la mort et les tortures accablaient des infortunés, des paroles de bénédiction tombaient sur la tête des jeunes époux inclinés sur les marches de l'autel. — Partez, leur dit bientôt le prêtre, partez, mes enfants. Tégahkouita connaît les routes des forêts; elle saura vous guider. Notre chapelle est adossée à une montagne, gagnez un sentier couvert, franchissez cette côte en ce moment même où personne ne songe à vous garder. Les Hurons me respectent trop pour attenter à ma vie. Ne craignez pas pour moi, je vous rejoindrai bientôt. — Comme l'enceinte n'était fermée que par des peaux et des écorces, le père Xavier prit une des armes attachées au fond du sanctuaire, pour donner passage aux nouveaux époux. Ils cherchèrent inutilement à entraîner le père Xavier avec eux; sa volonté fut inébranlable. Il resta après avoir reçu de ses protégés les plus touchants adieux. La retraite des fugitifs s'effectua sans peine; ils avaient atteint la hauteur, et descendirent vers la vallée opposée, longtemps avant que l'on ne s'occupât d'eux dans le village des Hurons.

Une nouvelle existence s'ouvrait pour le jeune Hervey; il venait d'échapper à un grand danger. Son âme s'était régénérée par les exemples et les enseignements du bon prêtre, et enfin sa vie jusque-là isolée et désintéressée allait prendre un aspect plein d'intérêt. Tégahkouita lui donna une haute idée de son intelligence et de son dévouement par la manière dont elle se conduisit pendant leur fuite. Grâce à sa prudence, aucun danger sérieux ne les atteignit. Elle se hâta de quitter les déserts pour se diriger vers les bords du fleuve, près des défrichements faits par les Européens. Le hasard fit arriver Ivan chez un planteur qui l'avait connu à York; on l'accueillit ainsi que Tégahkouita avec une grande bienveillance. On ne se lassait pas de féliciter le jeune homme sur son mariage avec une Indienne telle que la protégée du père Xavier. Déjà les bonnes qualités d'Ivan lui avaient acquis toute l'affection de Tégahkouita. Tous deux auraient été parfaitement heureux, s'ils avaient pu savoir des nouvelles de leur protecteur, et la jeune Indienne être rassurée sur l'existence de son père. Des semaines se passèrent avant qu'une occasion se présentât pour quitter le quartier où ils étaient arrivés. Un jour, enfin, on signala un bateau à vapeur qui passait sur le fleuve Saint-Laurent et se rendait à Québec. Les jeunes gens s'y embarquèrent, et ne tardèrent pas à s'arrêter à York. On avait cru Ivan perdu. En le voyant revenir avec Tégahkouita, dont il avait fait sa femme, la joie fut universelle. Tous les Français portaient un vif intérêt à la fille de Nahulko. Son départ avait laissé des inquiétudes sur son avenir : la voir quitter pour toujours ses forêts fut un véritable sujet de joie pour ses amis. Mais la jeune femme ne pouvait oublier qu'elle avait laissé le père Xavier exposé au péril, et que son père serait le plus cruel ennemi du missionnaire. C'était avec une expression de mélancolie qu'elle remplissait ses devoirs; elle mettait un zèle infini à rétablir l'ordre dans la maison de son mari, allait au-devant de ses moindres désirs, et lui témoignait un respect et une admiration dont l'amour-propre d'Ivan se trouvait flatté. Il était trop bon pour abuser de la soumission de sa femme; mais le sentiment de sa supériorité personnelle en était singulièrement augmenté. Jamais la fille de Nahulko, malgré son éducation, son mérite et sa beauté, n'avait pensé qu'un blanc consentirait à l'épouser. Ivan était venu à son secours dans un moment si dangereux pour elle, que Tégahkouita ne pouvait voir dans son mari qu'un envoyé de Dieu. Sa piété, nouvellement acquise, confirmait cette idée. Dans son intérieur, et prêt de la simple jeune femme, Ivan ne craignait pas de se livrer à toutes les pratiques dont sa conversion lui faisait un devoir. D'ailleurs, à York, il trouvait un grand nombre de personnes religieuses, et le respect humain n'avait rien à souffrir en laissant à découvert ses bons sentiments. Une autre situation aurait peut-être ébranlé les résolutions d'Ivan; son esprit peu cultivé, la perte de ses anciennes habitudes, l'auraient reconquis ailleurs à son existence machinale. Près de Tégahkouita, honoré par elle précisément à cause de sa piété, il s'affermit dans des principes solides, et son changement devint irrévocable.

Un même chagrin pesait sur le nouveau ménage; on n'entendait plus parler du père Xavier. Tégahkouita, qui connaissait le caractère de sa nation, craignait qu'on n'ourdît quelque plan de vengeance contre elle et contre Ivan, quand on les saurait établis à York. Aucune raison n'attachait Hervey à cette ville : ses affaires de commerce y étaient terminées; il ne regrettait rien en quittant le Canada. Mais avant de partir, il fallait avoir des nouvelles de leur protecteur laissé en si grand péril au milieu des Hurons. Les deux jeunes gens étaient d'un même avis sur ce sujet.

Après des semaines passées dans une inutile attente, un messager du père Xavier arriva un jour à York. Rien ne saurait rendre la joie de Tégahkouita en apprenant que la vie du missionnaire était sauve. Elle demanda aussitôt ce qu'était devenu son père; le sauvage n'en savait rien : il avait quitté la tribu avec un grand nombre d'autres chrétiens qui s'étaient employés à la délivrance de leur pasteur. Pendant qu'Ivan et sa femme s'échappaient, et que les Outawaks étaient en proie aux supplices les plus cruels, le fiancé de Tégahkouita avait proposé de forcer à l'instant même le prêtre à bénir son mariage. On était entré dans la tente où le père Xavier était resté seul. Quand on lui demanda ce qu'étaient devenus le Français et Tégahkouita : — Le Grand-Esprit a disposé d'eux, répondit-il; ils sont hors de l'atteinte de vos flèches et des pas de vos meilleurs coursiers. — La confiance que les Hurons avaient dans la véracité du missionnaire leur fit croire qu'un miracle avait eu lieu, et les chrétiens infidèles se sentirent vivement rappelés à défendre celui qui disposait ainsi de la volonté du Grand-Esprit. — Moi, continua le père Xavier, j'ai voulu rester, parce que le Seigneur m'a dit de ne pas abandonner encore mes enfants égarés, et d'essayer de nouveau à toucher leur cœur. — La honte et le repentir se peignirent sur quelques visages; mais les sacrifices humains fumaient devant les yeux du prêtre. Il se détourna avec horreur de ce spectacle, et interpellant Nahulko, il lui rappela la sauvegarde donnée, et le pria de le conduire loin du tumulte, car il ne voulait pas assister à la vengeance tirée des malheureux captifs. Nahulko regarda les chrétiens, leur nombre s'était affaibli. Néanmoins il tenta de s'approcher du missionnaire et de l'emmener; alors la révolte éclata contre ce chef. Le parti dirigé par le vainqueur des Outawaks se réunit en masse, et déclara que Nahulko n'était plus le chef de la tribu. Sans hésiter davantage, le père de Tégahkouita saisit son tomawak, et s'élançant à l'improviste sur son adversaire, il lui porta un coup qui faillit le renverser. Un combat corps à corps s'ensuivit, Nahulko en sortit vainqueur; son ennemi était à terre, respirant encore, lorsque, lui appuyant un genou sur la poitrine, il mit à nu le crâne de son ennemi, et éleva en triomphe la chevelure qu'il venait d'arracher. Cette victoire pouvait n'être que le prélude de la perte de Nahulko; mais il en avait calculé toutes les chances, et sachant bien que le parti des chrétiens n'était plus qu'une faible minorité, il regarda avec orgueil du côté de ceux qui venaient de perdre leur chef, proclama son retour aux croyances natales, et l'ardent désir qu'il avait d'aller au plus tôt semer la terreur parmi les ennemis des

Hurons. — Maintenant, ajouta Nahulko, je ne souffrirai plus sous nos tentes ceux qui se diront les adorateurs du Grand-Esprit. Ce seul instant leur reste pour s'éloigner, qu'ils partent sous la conduite de leur père. Nous leur laisserons emporter leurs tentes et tout ce qui leur appartient; mais deux soleils passés, si nous les retrouvons à la portée de nos flèches, la guerre commencera entre nous.

Des applaudissements unanimes accueillirent le discours de Nahulko. Le père Xavier lui-même sentit que la séparation prononcée devenait indispensable; et il dit au petit nombre de chrétiens qui restèrent fidèles après cette déclaration : — Mes enfants, ne vous découragez pas en vous comptant. Le Seigneur ne veut pas que ses enfants plantent leurs tentes auprès de la tente des idolâtres; que ceux qui aiment la loi du Christ me suivent, je les conduirai sur des terres fertiles, dans un climat plus doux. Ils apprendront de moi à bâtir des demeures commodes, à s'abriter contre les invasions : je construirai une chapelle pour eux, et le Grand-Esprit demeurera au milieu de nous. Ici vous êtes exposés à mille périls; profitez du moment où Nahulko sent le besoin de se défaire paisiblement de ses ennemis. Quelques jours plus tard, la fuite ne vous serait pas permise.

Puisque le père Xavier s'engageait à suivre les émigrants, tout leur devenait facile : ils coururent à leurs préparatifs; les vainqueurs restèrent discrètement dans la plaine ; ils virent le temple improvisé se dépouiller de ses ornements. Les insignes du culte disparurent, et il ne resta plus que des piques, des planches rompues, de cette chapelle si brillante quelques instants auparavant. Plus d'un apostat versa des larmes dans son nouveau camp ; mais aucun n'osa revenir sur la décision prise. Malgré les promesses faites, quand vint le moment du départ, les sujets de Nahulko lancèrent une grêle de flèches sur ceux qui partaient ; comme ils étaient déjà hors de portée, aucune arme n'atteignit son but. Un mot, un geste de la part des chrétiens, et le combat s'engageait. Le père Xavier parvint à réprimer leur colère, et la retraite s'effectua en paix.

C'était du nouveau lieu de leur campement que le missionnaire envoyait un Indien porter ces renseignements à Ivan et à sa femme. Il les faisait presser de venir le rejoindre et promettait à Ivan, qu'il connaissait enclin au désir de s'enrichir, que son voyage ne serait pas entrepris en vain pour sa fortune. Une longue lettre du missionnaire expliquait à Ivan ce qu'on attendait de lui.

« Faites-vous le pourvoyeur de notre peuplade,
» disait le père Xavier. Arrivez parmi nous, muni
» de tous les objets de commerce qui nous seront
» nécessaire ; la saison des chasses va arriver, les
» échanges vous paieront largement des avances
» que je vous demande. Notre marche a été péni-
» ble : approvisionnez-vous pour ne pas souffrir

» du dénuement en route : trente Indiens députés
» vers vous, et choisis parmi nos hommes les plus
» sûrs, porteront les fardeaux et vous serviront de
» guides. Mettez-vous en route au plus tôt ; je se-
» rai heureux de recevoir dans notre colonie ma
» fille de prédilection. »

Il n'y avait point à hésiter. Tégahkouita, préparée depuis longtemps à l'apostasie de son père, apprit avec consolation que, du moins, le missionnaire et ses amis les plus sincères parmi les gens de sa tribu étaient en sûreté. Retourner dans ses forêts et y vivre auprès d'Ivan, sous la protection du père Xavier, réalisait tout ce qu'elle avait pu souhaiter. Elle partit le cœur plein de joie. Certes, pensa Ivan, qui n'était pas moins content que sa femme de la perspective ouverte pour lui, si j'avais épousé une femme blanche, un semblable voyage lui ferait jeter de beaux cris ! Avec Tégahkouita je trouve une protection en route. C'est elle qui s'applique à m'épargner des fatigues, à me préparer un lieu de repos. Avant de la connaître il me semblait que tous les hommes étaient au-dessus de moi ; maintenant le respect que je lui inspire, l'affection que m'accorde le père Xavier, me placent d'une manière toute différente.

Les Indiens témoignèrent un grand plaisir en revoyant Tégahkouita, et l'engagèrent à se hâter de partir. Ils étaient munis de canots pour franchir les rivières, de perches, de peaux et d'écorce pour planter des tentes dans des haltes. Les marchandises emportées par Ivan grossirent considérablement les bagages de la caravane. Après quelques jours de marche, lorsque les provisions commencèrent à baisser, les Indiens reconnurent de loin les approches d'un troupeau de bisons (1). C'était l'assurance d'une excellente chasse; mais la rencontre avait son côté périlleux. L'expérience des Indiens les guida dans cette occasion; ils surent se porter en un endroit suffisamment retranché, et lorsque les bisons passèrent foulant le sol à pas lourds et pressés, mugissant pour s'exciter à la course, une grêle de balles et de flèches fondit sur le troupeau. Le bruit et les atteintes multipliées des coups de fusil mirent le désordre dans les rangs. Dans leur fuite irrégulière, les bisons seraient venus vers le lieu de l'attaque : ce cas était prévu ; le feu, mis à des herbes sèches, effraya davantage le troupeau, les blessés seuls restèrent à demi morts sur le champ de bataille, tout le reste disparut au plus vite. Quand on n'eut plus rien à craindre de ces ennemis vaincus, les sauvages s'en approchèrent, les dépouillèrent de leurs peaux, prirent le meilleur des chairs pour les faire rôtir, et ce qu'on ne put pas manger on l'emporta pour se mettre à l'abri de la faim pendant plusieurs jours.

On avait plus de cent lieues à faire dans l'inté-

(1) Le bison est une espèce de bœuf qui a la tête énorme, couverte d'une laine longue et noire, le corps assez grêle et pelé. Il porte une grosse bosse sur le dos.

rieur des terres; une pareille route ne pouvait s'effectuer sans obstacles. Il fallut traverser de grands lacs où les orages étaient fréquents; trop heureux lorsqu'à l'autre rive on trouvait quelque excavation propre à offrir un abri ! Si cette ressource manquait, on retournait les canots, et les plus favorisés dormaient sous cette couverture. Les tentes étaient rarement déployées. Dans les rivières, les inconvénients de la navigation sont multipliés : si le courant est trop rapide, le canot part comme un trait et va se briser en mille pièces contre quelque roche. Une des embarcations naufragea ainsi sous les yeux d'Ivan; quatre Indiens périrent entraînés par le cours rapide, malgré leurs efforts pour se sauver à la nage. après les jours d'abondance dus à la chasse improvisée, arrivèrent des jours de disette. Ivan pensa qu'il allait périr, et Tégahkouita se lamentait de ne pouvoir sauver son mari de ce danger. La découverte de quelques plantes de kengnessanach vint à propos sauver la malheureuse troupe de sa détresse. Il fallait être bien dénué pour se jeter avec une faim avide sur un aussi pauvre mets. Le kengnessanach, que les Français appellent tripe de roche, est une plante qui a quelque rapport avec le cerfeuil : on la fait bouillir ou rôtir, mais c'est toujours une triste nourriture, de quelque façon qu'on l'apprête.

Le chemin que suivait la caravane la rapprochait du pays des Outawaks; on en rencontra bientôt un détachement. Après les premières paroles hostiles prononcées par les Outawaks, les Hurons leur firent entendre que, séparés désormais du parti de Nahulko, ils ne prétendaient pas continuer les mêmes querelles, et qu'ils espéraient au contraire lier amitié avec leurs nouveaux voisins. En entendant ce langage, les Outawaks oublièrent aussi leurs ressentiments et se joignirent aux Hurons fugitifs pour parcourir les forêts ensemble, tant qu'une même direction le leur permettrait. Un des plus élevés en grade vint causer avec Tégahkouita, qui servait d'interprète entre lui et son mari. Questionné par Hervey sur ses croyances traditionnelles, le sauvage raconta gravement au Français que les Outawaks sortaient de trois familles composées chacune de cinq cents personnes. Les uns sont de la famille de Michabou, c'est-à-dire du Grand-Lièvre. Le Grand-Lièvre était un homme si prodigieusement grand, qu'il tendait des filets dans l'eau à dix-huit brasses de profondeur, et que l'eau lui venait à peine aux aisselles. Un jour, pendant le déluge, ce chef envoya un castor pour découvrir la terre. L'animal n'étant point revenu, le Grand-Lièvre fit partir une loutre. Pendant ce message, le géant se tenait la tête au-dessus des eaux de son immense lit. La loutre revint ayant entre ses dents un peu de terre couverte d'écume. Cette vue suffit au Grand-Lièvre : il marcha toujours dans l'eau vers l'amas limoneux, en fit plusieurs fois le tour, et l'île de-

vint extrêmement grande. C'est ainsi que la terre fut créée. Son ouvrage achevé, le Grand-Lièvre monta au ciel; mais, avant de quitter la terre, il ordonna que quand ses descendants viendraient à mourir, on brûlât leurs corps et qu'on jetât leurs cendres au vent, afin qu'ils pussent s'élever plus facilement vers le ciel. En manquant à cette loi, les enfants du Grand-Lièvre s'exposaient à voir de la neige sur leurs terres pendant l'année entière, les rivières et les lacs se couvrir de glaces éternelles, et la peuplade entière périr par les atteintes du froid et de la famine. — Cela est si vrai, ajouta le sauvage, qu'il y a de longues années, l'hiver parut ne point vouloir cesser, et la consternation était générale parmi les enfants de la famille du Grand-Lièvre. Les prières, les sacrifices étaient inutiles : le découragement s'emparait des Outawaks, lorsqu'une vieille femme se présenta devant les anciens assemblés. « Mes enfants, leur
» dit-elle, vous n'avez pas d'esprit; vous savez les
» ordres que nous a laissés le Grand-Lièvre, de
» brûler les corps morts et de jeter leurs cen-
» dres au vent, afin qu'ils retournent plus promp-
» tement au ciel leur patrie, et vous avez négligé
» ses ordres en laissant à quelques journées d'ici
» un homme mort, qui n'a point reçu les soins
» prescrits; cet homme est de la famille du Grand-
» Lièvre. Réparez au plus vite votre faute, si vous
» voulez que la neige se dissipe. — Tu as raison,
» notre mère, dirent les sauvages, tu as plus

» d'esprit que nous, ton conseil va nous rendre
» la vie. »

Vingt-cinq hommes furent députés pour aller vers le corps; ils revinrent de leur voyage au bout de trente jours : le dégel les avait précédés et la neige disparaissait sous les rayons du soleil. Cette circonstance fit la fortune de la vieille femme; on la combla de présents, et rien ne se projeta plus dans la tribu sans son conseil.

— Voilà qui est merveilleux, dit Ivan en français à sa femme.

— Songez donc que la saison était déjà en retard, répliqua Tégahkouita; trente jours de plus devaient amener un changement dans la température.

— Comme ces gens-là sont crédules! dit Ivan, en riant de la réflexion judicieuse de l'Indienne, bien qu'il eût été lui-même un instant dupe du récit du sauvage.

— La seconde famille des Outawaks, reprit le narrateur, se dit sortie de Namepich, c'est-à-dire de la carpe. Un de ces poissons avait fait ses œufs au soleil sur le bord de la rivière; il plut au soleil d'en former une femme qui fut la mère de la tribu de Namepich.

— Quant aux Outawaks-Machovas, il est constant qu'ils sont nés de la patte d'un ours. Aussi toutes les fois que les Machovas tuent quelqu'un de ces animaux, ils font un festin de sa chair; mais avant de le manger, ils lui parlent et le haran-

guent. « N'aie point de pensée contre nous, di-
» sent-ils, parce que nous t'avons tué. Tu as de
» l'esprit; tu vois que nous souffrons de la faim,
» tes enfants t'aiment, ils veulent te faire entrer
» dans leurs entrailles. Ne te sens-tu pas glorieux
» d'être mangé par les enfants des capitaines? »

Il n'y a que la famille du Grand-Lièvre qui brûle les cadavres. Les Namepich et les Machovas les enterrent. Quand un capitaine est décédé, on prépare un vaste cercueil, où, après avoir couché le corps revêtu de ses plus beaux habits, on enferme avec lui sa couverture, son fusil, sa provision de poudre et de plomb, son arc, ses flèches, sa chaudière, son plat, des vivres, son casse-tête, son calumet, sa boîte de vermillon, son miroir, des colliers de porcelaine et tous les présents qui se sont faits à sa mort selon l'usage. Les Outawaks s'imaginent que, dans cet équipage, le mort fera plus heureusement son voyage en l'autre monde, et qu'il fera meilleure figure en arrivant parmi les grands capitaines de sa nation, pour vivre avec eux dans un lieu de délices. Tandis que tout s'ajuste dans le cercueil, les parents du mort assistent à la cérémonie en pleurant à leur manière, c'est-à-dire en chantant d'un ton lugubre, et remuant en cadence un bâton auquel ils ont attaché plusieurs petites sonnettes. Où la superstition de ces peuples paraît le plus extravagante, c'est dans le culte qu'ils rendent à leurs manitous. Selon leurs idées, les bêtes des forêts, les oiseaux,

peuvent recéler dans leur peau ou sous leurs plumages un génie maître de toutes choses. Oussakita est le plus puissant manitou de toutes les bêtes qui marchent sur la terre ou qui volent dans l'air. C'est lui qui les gouverne; ainsi, lorsqu'ils vont à la chasse, ils lui offrent du tabac, de la poudre et du plomb, et des peaux bien apprêtées qu'ils attachent au bout d'une perche en l'élevant en l'air : « Ous-
» sakita, lui disent-ils, nous te donnons à fumer,
» nous t'offrons de quoi tuer des bêtes, daigne
» agréer ces présents et ne permets pas que le gi-
» bier échappe à nos traits. Laisse-nous tuer le
» meilleur et le plus gras, afin que nos enfants ne
» manquent ni de vêtements ni de nourriture. »

Les Outawaks nomment Michibichi le manitou des eaux et des poissons, et lui font des sacrifices à peu près semblables, lorsqu'ils vont à la pêche ou qu'ils entreprennent un voyage. Ce sacrifice consiste à jeter dans l'eau du tabac, des vivres, des chaudières, en lui demandant que les eaux de la rivière coulent plus lentement, que les rochers ne brisent pas leurs canots, et qu'il leur accorde une pêche abondante.

Outre ces manitous communs, chacun a le sien particulier, qui est un ours, un castor, une outarde ou quelque bête semblable. Les Indiens portent à la guerre, à la chasse ou dans leurs voyages, la peau de l'animal choisi ; ils se persuadent qu'elle les préservera de tout danger et qu'elle les fera réussir dans leurs entreprises. Quand un sauvage veut se donner un manitou, ou répudier le sien, le premier animal qui se présente à son imagination pendant son sommeil est celui sur lequel le choix tombe. Il tue une bête de cette espèce; il met sa peau, ou son plumage si c'est un oiseau, dans le lieu le plus apparent de sa cabane; un festin est préparé en son honneur. Pendant que la famille est à table, le chef adresse sa harangue au manitou dans les termes les plus respectueux. Il lui remet le soin de ses enfants, sa fortune à la guerre et à la chasse; après quoi l'inauguration est terminée, et le manitou devient le dieu de la cabane.

L'approche du froid commençait à rendre la situation des voyageurs intolérable. En s'enfonçant aussi avant dans les terres, le père Xavier avait tenu à éloigner le plus possible sa colonie du voisinage des Hurons. Cette précaution mettait les chrétiens à l'abri d'attaques continuelles. Néanmoins, tout en marchant, la chasse obligée pour les besoins journaliers commençait à former une assez belle provision de fourrures. Ivan y voyait une source immanquable de profits; on abattait tour à tour un ours, un daim, des castors; la chair de cet animal est d'un goût insupportable, mais sa peau est d'une sûre défaite. Au lieu de pain, Ivan et Tégahkouita mangeaient des glands cuits dans l'eau et de la cendre, pour leur ôter leur amertume; du bois mou suppléait même quelquefois à cette nourriture.

Quand les Outavaks se séparèrent des Hurons, il ne restait plus à ceux-ci qu'une journée de marche pour arriver au lieu du campement. L'apparition de la caravane donna le signal d'une joie universelle parmi les chrétiens. Le père Xavier se présenta au-devant de ses enfants, et reçut avec bonheur le couple qu'il avait béni et confié à la miséricorde du Seigneur. Avec le négociant arrivaient, pour les Indiens, toutes les ressources nécessaires à leur nouvelle installation. Il distribua des fusils, des couvertures, des instruments pour travailler à la terre, des ustensiles de ménage et des ferrures à tous ceux qui en réclamaient. Le lieu désigné par le missionnaire avait été merveilleusement choisi. Déjà les préparatifs étaient faits pour élever la chapelle; les bois de charpente n'attendaient plus que la direction d'un architecte. Le père Xavier n'avait rien voulu entreprendre avant d'avoir l'assistance d'Hervey. De jour en jour le bien-être de la petite colonie augmenta. Le temps des chasses étant venu, les femmes, les vieillards et les enfants restèrent seuls au village avec le missionnaire et Ivan. Placé comme il l'était, il devenait inutile au soin de sa fortune qu'il s'exposât aux fatigues des chasses pour augmenter ses bénéfices. En peu de temps une immense cargaison de fourrures lui revint. Sa fortune était assurée, il pouvait retourner en Europe et y vivre honorablement; cependant il resta dans le village indien. Les premières avances faites par lui avaient eu une grande influence sur le bonheur de la petite peuplade. Des liens de bienfaisance l'attachaient aux sauvages : s'il les abandonnait, il sentait que sa protection leur manquerait. Le père Xavier n'aurait plus autour de lui que des êtres ignorants qui ne le comprendraient qu'à demi lorsque Tégahkouita et Hervey se seraient éloignés. Ils étaient heureux près de lui : Ivan prit le parti d'y rester. La jeune femme indienne n'avait jamais osé manifester de répugnance pour les projets de son mari ; mais elle était devenue mère, et son vœu secret était d'élever son enfant parmi ses compatriotes. Le printemps revint : c'était l'époque où Ivan devait partir. Le père Xavier y était préparé, et jamais il n'avait tenté de le retenir. Ivan le prévint. — Je vais me rendre à New-York, dit-il un jour au missionnaire, mais j'y resterai bien peu, car désormais je veux vivre ici. Votre exemple m'entraîne. J'ai appris à connaître un bien au-dessus des richesses : je vous aiderai à faire le bonheur de ces gens simples. Si je retournais chez les gens civilisés, à présent moins que jamais on ne m'accorderait la moindre considération ; je serais inutile aux autres et à moi-même. Ici je contribue à votre bonheur et à celui de vos enfants. Tégahkouita est respectée, considérée chez les siens ; notre mariage serait un sujet de dérision partout où je la conduirais. Mon plan est arrêté. Je vais aller vendre mes fourrures, renouveler nos provisions annuelles, acheter tout ce qui est nécessaire à la splendeur de notre chapelle, et chaque année le produit de nos chasses n'aurait plus d'autres emploi. A ces mots, le bon missionnaire fondit en larmes, remercia Ivan de son dévouement, et assembla les principaux de la tribu pour leur en faire part. La reconnaissance des sauvages paya largement Ivan de sa résolution. Jusqu'à ce jour, Tégahkouita avait accepté avec humilité la prépondérance qu'on lui accordait; mais lorsqu'elle vit son mari placé si haut dans l'estime de tous, un mouvement de noble orgueil anima sa belle figure.

—Que notre protecteur soit heureux dans son fils, dit-elle, présentant son jeune enfant aux empressements de la foule, et qu'il puisse voir de longs jours parmi vous! ajouta-t-elle à voix plus basse, car les larmes inondaient déjà ses yeux.

— Eh bien! dit le père Xavier, en tendant la main au héros de cette scène, êtes-vous heureux, mon fils?

—Plus que je ne l'ai mérité, répliqua le converti, car j'ai causé bien des chagrins à ma mère. Puisse-t-elle, du séjour où elle est, me voir tel que vos soins m'ont rendu!

Plusieurs années d'un même bonheur se sont écoulées pour Ivan. La petite peuplade chrétienne a prospéré sous sa direction quelque temps après la mort du père Xavier; mais alors les penchants natifs des Indiens les ayant rappelés vers la vie nomade, Ivan et sa femme furent obligés de regagner les terres habitées par les Européens. Ils ont acheté des concessions neuves et les ont cultivées avec succès. Comme leur habitation est sur la limite des sauvages, ils reçoivent de fréquentes visites des anciens émigrants de la tribu huronne.

LES ANTILLES. — LA GUYANE.

Quand on approche de la Martinique, l'eau prend une belle teinte, d'un vert foncé, due au fond cuivré de ces mers volcaniques. Le sol brisé des Antilles révèle partout d'anciennes convulsions sous-marines, dans lesquelles ces îles seraient sorties du sein de l'eau. Quelques naturalistes pensent au contraire que l'archipel faisait partie du continent, et que quelque bouleversement instantané l'en aura détaché. Presque tout notre globe porte de semblables traces. L'océan, sans cesse en travail, renferme encore dans ses profondeurs les premiers germes d'îles que les siècles prennent à tâche d'étendre et de consolider.

La montagne pelée, avec ses arêtes blanches et grisâtres, sa tête dépouillée de toute végétation, son cratère éteint, s'élève au-dessus de Saint-Pierre, capitale de la colonie, comme un témoignage de crises passées, et peut-être une menace pour l'avenir. Auprès de cette triste ruine, s'élève le morne d'Orange, tout riant de son luxe de végétation, couvert d'habitations charmantes, dont les produits doivent passer dans le commerce européen. Une multitude de canots, manœuvrés par des nègres, s'élancent au-devant des navires qui entrent dans le port. Un chant monotone, entonné par les rameurs, sert à marquer la mesure dans leurs mouvements. Les Créoles sont avides des nouvelles de la métropole; leur humeur hospitalière les conduit aussi au-devant des hôtes qui leur sont adressés. Par une prévoyance généreuse, les maîtres des canots font placer des fruits des tropiques dans des corbeilles qu'on hisse à bord pour les offrir aux passagers; mais il est rare qu'un Européen aime, au premier essai, les mangues, les sapotilles, la pomme de Cythère, la goyave, la pomme-canelle, qu'il a goûtées tour-à-tour; les oranges, les ananas, les figues, les raisins et les melons peuvent seuls, les uns par souvenir, les autres par leur exquise saveur, flatter son palais.

Des maisons hautes et bien alignées bordent les rues; une immense quantité d'esclaves et de gens libres de couleur peuplent la colonie. En général, le climat est beau; mais de terribles ouragans, des tremblements de terre et des raz de marée viennent parfois répandre la terreur dans l'île.

Des rivières entourent la ville du côté où elle n'est pas baignée par la mer. Au milieu des courants on voit paraître des rochers à fleur d'eau, qui servent si bien de ponts aux habitants de Port-Royal, qu'on s'est dispensé d'en construire d'autres ; mais ces ponts, beaucoup trop multipliés, ont un grand désavantage par les obstacles qu'ils apportent à la navigation des rivières. Dans quelques endroits, l'eau descend des montagnes en formant de belles cascades d'un effet très pittoresque ; mais, quand vient la saison des pluies, ces chutes se changent en torrents furieux. Les ondes roulent avec fracas vers la mer, qui les repousse d'abord et les force à refluer sur les rives, où elles causent de graves dévastations.

Derrière les montagnes se trouvent des vallées ombragées, où l'on voit le beau palmiste sauvage que les nègres abattent pour se nourrir de la substance savoureuse qu'il renferme. Les balatas, le latanier aux larges feuilles, s'élancent à une grande hauteur et se montrent, avec le courbari, dans les lieux incultes, mais couverts de végétation. Au pied d'un arbre robuste s'élèvent souvent une liane : d'abord faible et rampante, elle semble demander protection ; ses fleurs répandent un doux parfum, ses feuilles se tressent en guirlandes légères autour du géant qui lui accorde un appui. Humble esclave, on dirait qu'elle met ses soins à le parer ; mais bientôt changeant de rôle, on la voit multiplier ses rameaux devenus nerveux. La sève de l'arbre se tarit sous ses efforts ; il succombe étouffé sous l'étreinte perfide, ses feuilles tombent, la liane veut alors cacher son désastre, elle prodigue ses feuilles parasites, étend ses tiges sur les branches dépouillées, et l'ornement emprunté devient un riche linceul; encore ne peut-il tromper longtemps les regards. L'action du climat, à la fois chaud et humide, agit bientôt sur le bois mort. Ses racines vermoulues cèdent au poids de l'arbre, il tombe, et dans sa chute il écrase enfin l'ennemi qui se complaisait dans son ingratitude.

D'admirables fougères croissent près du sol et donnent à ces vallées un aspect enchanteur. Des oiseaux au plumage éclatant voltigent en troupes serrées dans ces lieux. Mais, parmi les branches des arbres, sous les bruyères épaisses, se cachent de venimeux reptiles, et la crainte de leurs morsures refroidit le plaisir des courses aventureuses.

La sourde irritation qui existe entre les esclaves et leurs maîtres, entre les mulâtres et les blancs, rend le séjour de la Martinique moins agréable qu'il ne pourrait l'être sans ces questions d'un haut intérêt. Souvent des manifestations effrayantes de la haine des partis viennent alarmer les propriétaires et le commerce. Il faut espérer cependant qu'un intérêt bien entendu ralliera enfin les colons à quelque sage projet formé pour l'affranchissement des esclaves.

Non loin de la Martinique se trouvent la Guadeloupe, qui comprend la Grande-Terre, dont le chef-lieu est la Pointe-à-Pitre; les îles de Marie-Galande, des Saintes, la Désirade, l'île Saint-Martin, dont les deux tiers appartiennent à la France, et qui est occupée au sud par les Hollandais.

Un bras de mer, appelé Rivière Salée, sépare en

deux la Guadeloupe. La forme générale de cette terre est pyramidale; le centre est occupé par des montagnes taillées en cônes. Soixante-dix rivières et ruisseaux coulent sur leurs flancs, et viennent fertiliser les vallées, mettre en mouvement les moulins à sucre dans les terres cultivées. La pente des rivières est si rapide qu'elles se creusent, en tombant, des lits d'une profondeur immense, dont les bords sont escarpés et encaissés entre des hauteurs. De toutes les montagnes de l'île, celle de la Soufrière est la plus remarquable; elle a deux sommets ou pitons qui se détachent en pointes et sont formés de rochers dépouillés et calcinés. Près de la principale de ces sommités, en suivant un terrain anguleux, escarpé, on entrevoit un cratère d'où sort continuellement une fumée noire, sulfureuse et mêlée d'étincelles visibles la nuit. Les pierres qu'on s'aventure à y lancer produisent une explosion soudaine de flamme, de cendres et de fumée. Le petit piton a aussi son cratère, mais moins considérable; des cavernes affreuses entourent ces cratères, et la fumée sort également par leur excavation. De toutes parts le sol volcanisé s'entr'ouvre et laisse échapper des vapeurs sulfureuses. En pénétrant dans les cavernes, on voit des gouffres ouverts, et, plus bas que les volcans, trois mornes contiennent des eaux; l'une noirâtre et exhalant une odeur ferrugineuse; l'autre, d'un blanc sale, a l'odeur de l'alun; la troisième, bleuâtre, ressemble au vitriol.

La dernière erruption de la Soufrière a eu lieu en 1799. Mais c'est assurément à son action souterraine qu'on doit attribuer l'affreux tremblement de terre, qui, en février 1843, a détruit de fond en comble la jolie ville de la Pointe-à-Pitre, et dont les ravages se sont étendus à d'autres îles du même archipel.

Au pied des montagnes, dans les plantages et près du lit des rivières, la température de la Guadeloupe est délicieuse. Sur les hauteurs le froid se fait sentir d'une manière très-vive; les arbustes deviennent rares; la fougère et la mousse glissante qui couvrent les roches, verdissent à peu près seules sur les plans élevés; sur les bords plats de l'île, la chaleur est excessive. La ville de la Basse-Terre, située à trois lieues de la Soufrière, est bâtie dans un emplacement resserré. La rivière, appelée rivière aux Herbes, et qui descend de la montagne volcanique, se divise en deux branches, au milieu desquelles se trouve un îlot peuplé comme le reste de la ville. Le lit des deux cours d'eau, presque à sec pendant l'été, roule des eaux d'une abondance et d'une rapidité effrayantes durant les pluies.

D'un autre côté, la mer baigne les murs de la ville; plusieurs mornes, surmontés de forts, se groupent au-dessus de la Basse-Terre; de profonds ravins se trouvent entre les bases de ces mornes.

On divise l'île en différents quartiers, dont quelques noms rendent assez bien la physionomie générale du pays : Quartier de Boüillante, autrefois l'Ile à Goyave; quartier de la Pointe-Noire; quartier des Nègres marrons (en fuite). De hautes montagnes, des fourrés inaccessibles ont fait choisir ce lieu aux esclaves, pour se soustraire au joug qui pèse sur eux; ils établissent là des lieux de campements appelés ajoupas, plantent des vivres, et sont toujours prêts à fuir dans les bois au moindre signal de poursuite.

Le quartier des Lamantins contient une source d'eaux minérales, dans le lieu appelé ravine chaude. De misérables cases nègres, élevées sur le bord de la rivière, sont louées aux buveurs d'eau. Il est fâcheux que l'industrie coloniale ne tire pas un meilleur parti de cette source, dans un pays où les maladies sont fréquentes et les distractions rares.

Le quartier de Matouba, adossé à la Soufrière, a été le théâtre d'une lutte acharnée entre les hommes de couleur et les troupes du consulat. Les scènes que nous allons retracer donneront une idée des antipathies sociales qui sont inhérentes à l'organisation des colonies.

En 1794, les esclaves furent proclamés libres dans les Antilles et à la Guyane. Le premier consul, cédant aux réclamations des propriétaires créoles, motivées sur les désordres auxquels s'étaient livrés les affranchis, et sur l'impossibilité de cultiver les colonies sans le régime de l'esclavage, ordonna que tout rentrât dans l'ancien ordre, sauf les privilèges égaux accordés à tous les hommes libres de couleur aussi bien qu'aux blancs.

Une rivalité jalouse aigrissait les mulâtres contre les créoles. Ceux-ci n'admettaient point que les autres pussent s'élever sur la même ligne qu'eux ; de là des contestations, des vengeances sourdes, des rixes éclatantes : aussi rien n'était moins rassurant que le séjour des colonies à l'époque dont nous parlons. Selon le plan de conduite que suivaient les différentes autorités, on les accusait dans l'un ou l'autre parti. Le général Lavaux devint suspect aux blancs pour avoir pris parti en faveur de quelques mulâtres ; on l'embarqua de force pour aller rendre ses comptes en France. Pendant les années où la démocratie avait prévalu, des gens de couleur s'étaient élevés aux grades militaires. Parmi ceux qui étaient employés à la Guadeloupe, on comptait plusieurs hommes de cette caste, remarquables par leur courage personnel, leur bonne conduite et l'éducation qu'ils avaient reçue. Durant les guerres que la colonie eut à soutenir contre les Anglais, les hommes de couleur montrèrent un rare courage dans la défense : ils comptaient sur les droits acquis pour n'être plus frappés par le préjugé colonial. On ne les épargna pas dans la réaction commencée : ils s'en irritèrent ; l'autorité sévit avec rigueur contre eux.

Le général Bettrecourt avait immédiatement sous ses ordres, Pelage, général de brigade, homme de couleur d'une haute prudence et très-dévoué au maintien de l'ordre. On dut à cet officier la répression d'une révolte organisée : tout le monde le savait. Cependant le général étant venu à mourir, le gouverneur de la colonie refusa de déléguer les pouvoirs militaires au général mulâtre. Un grand mécontentement se manifesta parmi les troupes : les officiers de couleur suspectés furent arrêtés et déportés. L'amiral Lacrosse poussa plus loin la rigueur. Il quitte la Pointe-à-Pître où il siégeait, met la Basse-Terre en état de siége, ordonne des visites domiciliaires et dissout la compagnie des gens de couleur. A la revue où cet arrêt fut prononcé, un officier ayant témoigné son indignation, l'amiral le fait sortir des rangs, le juge immédiatement, et il est fusillé en présence des troupes.

Malgré lui, Pelage prête son appui à ces déplorables mesures : il est l'instrument des arrestations; les prisons regorgent de victimes. En obéissant, il espère se rendre le médiateur des opprimés et les contenir par son exemple; il reçoit des encouragements de la part de l'amiral. Cette crise s'apaisera sans doute : tout-à-coup les incarcérations redoublent, et malgré les habitudes immuables de la hiérarchie militaire, le chef d'état-major, inférieur en grade à Pelage et placé sous ses ordres, agit sans l'en informer. Le général de brigade élève la voix et demande à connaître les motifs de cette conduite. Pour toute réponse, le chef d'état-major déclare au mulâtre qu'il est son prisonnier. — Moi? dit Pelage; en vertu de quel ordre pourriez-vous arrêter votre supérieur?

Sans lui répondre, l'officier appelle des soldats, essaye d'employer la force pour se rendre maître de sa personne. Pelage se dégage de leurs mains et court vers le fort de la Victoire; la révolte y éclatait : au même instant les troupes de couleur sont en pleine insurrection. Au lieu de profiter de cette circonstance, Pelage, qui venait seulement chercher une protection légale auprès de ses camarades, veut apaiser le tumulte et rappeler la subordination dans les rangs. Un officier mulâtre appelé Ignace, d'un caractère indomptable, était à la tête de l'insurrection. Sa parole haineuse et pleine de provocation contre les blancs eut plus de pouvoir que la prudence de Pelage. Les prisons s'ouvrent aux captifs; on veut massacrer les autorités, et particulièrement le chef d'état-major. Pelage obtient qu'il sera simplement mis au fort avec les autres chefs d'administration, également arrêtés.

L'amiral Lacrosse, capitaine général, était à la Pointe-à-Pitre. On se porte chez lui; une fouille est faite dans ses papiers. Une liste de noms de condamnés à la déportatation pour Madagascar tombe entre les mains des mulâtres et redouble leur fureur. En vain Pelage veut-il les calmer : des cris de vengeance s'exhalent de toutes parts, et les blancs fuient au plus vite de la ville insurgée.

Un faux rapport parvint à l'amiral. On lui a dépeint Pelage révolté et s'étant fait proclamer chef de la colonie. A l'instant un décret signé par l'amiral met Pelage hors la loi, lui et tous ceux qui lui obéissent. Des troupes de la Pointe-à-Pitre marchent contre les rebelles; l'amiral prend le commandement en personne. Des gens mieux intentionnés rétablissent l'exactitude des faits : le capitaine-général s'arrête à Capesterre, à quelques lieues de la Basse-Terre. Il envoie un exprès au général de brigade, le prie de venir conférer avec lui, lui rend toute sa confiance, affirme que la liste des proscriptions ne devait être suivie d'aucun effet, et promet une amnistie générale. Pelage est sollicité de céder à cette invitation appuyée d'expressions si favorables à son parti; mais on sait à la Pointe-à-Pitre que le général déploie un appareil menaçant. Avant de quitter la ville, il a fait arrêter un grand nombre d'hommes de couleur. Quelques-uns de ceux qui se sentaient suspects se sont sauvés par mer au moment d'être emprisonnés; ils sont venus donner l'alarme à la Basse-Terre. D'autres émissaires, échappés des quartiers occupés par le capitaine-général, confirment ces avertissements hostiles; l'amiral n'a point retiré l'arrêté qui met Pelage hors la loi. Pendant que le général de brigade hésite, on vient l'avertir que ses propres troupes le demandent au fort de la Victoire. Dans la position difficile où sa probité l'avait placé, Pelage se sentait aussi exposé aux réactions du côté des gens de couleur que de celui des blancs. Sa famille l'implore pour se rendre auprès de l'amiral ; il veut revoir ses camarades, et faire ses adieux à sa femme et à ses enfants avec le courage contenu d'un homme qui se croit prêt à marcher à sa perte. Arrivé au fort, des acclamations accueillirent le général de brigade : on a pris le parti de la résistance, c'est à lui que le commandement est remis par élection. Pelage refuse un poste qui ne convient pas à ses sentiments ; il veut ramener les révoltés sous l'obéissance du gouvernement français. En homme éclairé, il sent que ce tumulte justifiera trop les mesures rigoureuses contre les gens de couleur ; jamais ils ne feront la loi les armes à la main. Qu'ils triomphent accidentellement, la métropole enverra des troupes nouvelles contre eux, et il faudra bien finir par céder. Quelques-uns sentant la valeur de ces raisonnements, les pourparlers s'engagent. Pelage veut porter à l'amiral des paroles de paix, mais un homme impétueux prend la parole ; il s'adresse aux passions vindicatives de la foule ; il rappelle les outrages reçus, inspire la défiance contre les promesses du capitaine-général, et dit enfin aux troupes que leur meilleure sauvegarde est dans leur courage. — Que penseront de nous les blancs, qui nous méprisent assez déjà, ajouta-t-il, si notre courage faiblit à la moindre menace ? Ah ! c'est alors que leur oppression redoublera. Est-ce que jamais le chasseur s'est montré pitoyable aux cris du daim, le boucher au bêlement des moutons ? Le tigre et le serpent, au contraire, font souvent fuir l'homme lorsqu'ils le surprennent désarmé.

— La guerre! la guerre! dirent de toutes parts les soldats en offrant à l'orateur le poste refusé par le général de brigade. Puisque le commandement tombait aux mains d'Ignace, le plus fougueux des mulâtres, l'ennemi le plus acharné des blancs, Pelage n'avait plus rien à faire; il se retira. En s'éloignant, il dit à ceux qui étaient près de lui que son devoir le rappelait dans les rangs de l'armée française où il avait gagné ses différents grades; que rien ne lui serait plus douloureux que de combattre contre ses alliés par le sang, et que du moins s'il y était exposé, les gens de couleur trouveraient toujours en lui un médiateur dévoué, lorsqu'ils tomberaient au pouvoir des blancs. Dans la soirée de ce jour, le général Lacrosse ayant fait dire à Pelage qu'il l'attendait le lendemain au lieu de son campement, celui-ci revint vers les révoltés, demanda leurs pouvoirs pour traiter en leur nom. — Ignace, Noël, Gédéon, Corbet, Coudou, et d'autres mulâtres, cherchèrent encore au contraire à persuader au général de brigade de se mettre à leur tête pour marcher sur un petit bourg où se trouvait l'amiral. — Pour l'y déterminer, ils lui offrirent un grade supérieur au sien. Pelage refusa cet avantage illusoire; mais par dévouement il consentit à rester parmi les mulâtres, à la condition qu'ils n'agiraient point sans son conseil.

Cette concession faite à ses affections particulières, Pelage va trouver l'envoyé du capitaine-général et le prie d'employer auprès de son chef tous les moyens en son pouvoir, afin de le ramener à des idées de conciliation. Il lui montra l'état de la ville, pria le général en chef de ne pas s'exposer à la vue des troupes révoltées, et le supplia d'ordonner que l'entrevue projetée eût lieu en mer.

Au lieu d'écouter ces conseils, l'amiral se présenta lui-même le lendemain aux avant-postes à la tête de ses troupes. Il rejette tout moyen de conciliation, et fait savoir à Pelage qu'il veut entrer dans la ville au milieu du jour. Le général de brigade, absous de toute responsabilité par cette démarche, fait préparer selon l'usage une somptueuse réception au capitaine-général. Les troupes insurgées sont sous les armes. Pelage est parvenu à les contenir. Quand l'amiral aperçut le général de brigade, il lui parla avec une hauteur blessante, et fort de l'aspect tranquille des soldats, il s'emporta en menaces contre ceux qui avaient osé sortir de l'obéissance. Ces imprudentes paroles amenèrent une explosion soudaine dans les rangs des noirs. Des cris de liberté s'échappèrent en sons tumultueux. Le général haranguait dans la salle de la municipalité. Coudou y pénétra; des soldats cernèrent l'amiral : Pelage, appuyé par Olivier, Fitteau et Gédéon, se mit au-devant de lui et lui sauva la vie. En détournant un coup destiné à l'amiral, Pelage fut blessé; la vue de son sang calma à propos la fougue des assaillants, et rendit au chef que les mulâtres vénéraient un ascendant momentané. Cédant à la nécessité, l'amiral, qui reconnaît aussi la loyauté de Pelage, consent à traiter avec lui. Il promet par son organe l'oubli du passé, la restitution des grades, et remet la garde de sa personne à ceux qui viennent de le protéger si ouvertement.

Pelage court vers le fort de la Victoire, quartier-général des révoltés, pour leur porter les paroles d'amnistie; mais Ignace s'est rendu à la municipalité par un autre chemin; il s'empare du capitaine-général, le ramène au fort, malgré les supplications de Pelage, l'enferme lui-même sous clef, et vient crier aux soldats que Lacrosse est son prisonnier. La victoire sembla décisive; et sans s'inquiéter des suites que peut avoir un acte aussi inattendu, les soldats couvrent de leurs acclamations la nouvelle donnée par Ignace. Lutter contre lui eût été inutile. Les soldats rendaient justice à la sagesse éprouvée du général de brigade; ils l'admiraient, venaient à lui dans le péril; mais la manière d'être d'Ignace sympathisait davantage avec la spontanéité de leurs impressions. Tous les efforts de Pelage tendirent seulement à protéger l'existence de l'amiral. Après douze jours de soins, de recherches et de négociations mystérieuses, un navire danois entra dans le port, et vers le soir Pelage parvint à faire embarquer le capitaine-général. On était en novembre 1801 : le navire gagna la Dominique, île voisine appartenant aux Anglais, et le commandement en chef resta à Pelage.

La saison de l'hivernage arrêta les communications entre les Antilles et la France; d'ailleurs le temps indispensable aux informations laissait nécessairement pendant quelques mois les insurgés en pleine possession des droits conquis. Les mesures modérées que prenait le général de brigade parurent hors de propos en pareille circonstance. Ignace suscita des défiances contre lui : il veut protéger les créoles en faible minorité contre les gens de couleur; on suspecte sa bonne foi; un complot se trame, le général de brigade en surprend le secret : il dissémine à propos les chefs sur différents points de l'île.

Au bruit de la révolte opérée, les nègres marrons, réfugiés depuis longtemps dans leurs ajoupas, s'organisent en troupes, et, réunis au nombre de six cents, tombent sur les habitations, dévastent les cultures, incendient les maisons, massacrent les blancs et se croient sûrs de l'impunité, puisque les autorités françaises ont quitté la Basse-Terre.

Toutefois Pelage veut conserver le pays qu'il gouverne temporairement : les actes de son pouvoir manifestent qu'il se sent responsable envers la France du sort des colons et du désordre des gens de couleur. Il marche contre la bande indisciplinée et la détruit en peu de temps.

Mais dans les rangs ennemis il s'est élevé un nouveau chef. Delgrès, mulâtre comme Pelage, ne partage pas l'intérêt qu'il porte à la cause des blancs : aussi brave qu'Ignace, il est plus savant dans la tactique militaire, et combine chaque jour ses plans pour maintenir la colonie au pouvoir des gens de couleur. Ancien aide-de-camp de Lacrosse, il a une haine particulière contre ce général, et s'exposerait plutôt mille fois à périr que de rentrer sous son obéissance. Les actes de son courage sont raisonnés; il joint à la force corporelle un esprit ferme et plein de franchise : les soldats mulâtres croient voir en lui seul la réunion des qualités qui partagent leur affection entre Ignace et Pelage. En remplaçant le général Lacrosse, Pelage était allé s'établir à la Pointe-à-Pitre, d'où il visitait souvent les différents quartiers de la Guadeloupe. Delgrès était à la Basse-Terre. On répandit instantanément dans cette ville la nouvelle du débarquement projeté de l'amiral Lacrosse; aussitôt, et, sans prendre conseil du chef de la colonie, Delgrès prépara tout pour une vive résistance.

On tourne les canons des forts contre la ville : la garnison prend poste sur les hauteurs et menace de faire impitoyablement feu sur tous les habitants. Dans leur juste terreur, les blancs expédient un message au général de brigade : il arrive, mande Delgrès auprès de lui, le convainc qu'il a été trompé, que l'amiral est retourné en France. Puis faisant appel aux généreux sentiments de Delgrès, il le prie de rendre lui-même toute sécurité aux colons, et l'emmène bientôt près de lui à la Pointe-à-Pitre.

Bientôt un autre bruit s'accrédite parmi les colonies voisines; la paix d'Amiens vient d'être signée, et une grande expédition se prépare en France contre les colonies. Le général Leclerc était à Saint-Domingue. On envoyait Richepanse contre la Guadeloupe. Pelage, qui n'avait administré que dans l'intérêt de la métropole, s'empressa d'expédier un messager au général Leclerc, auquel il rend compte de l'état de la colonie, en lui demandant des troupes. Rassuré par ce rapport, le général se contenta d'envoyer deux cents grenadiers au commandant provisoire.

Moins bien informé, le général Richepanse croit avoir les mêmes ennemis à vaincre à la Guadeloupe que Leclerc à Saint-Domingue. On lui a fait de faux rapports, et l'escadre apparaît le 15 mai devant l'île dans un appareil formidable. Aucune résistance ne s'oppose au débarquement des troupes. Pelage a préparé les esprits : les gens de couleur, en ce moment près de lui, se soumettent. Cependant à la joie folle que témoignent les blancs, Pelage sent déjà qu'il a été méconnu par ceux auxquels il s'est dévoué. Bientôt les actes du général Richepanse le confirment dans cette idée. On abreuve d'humiliations l'homme qu'on ménageait avec soin naguère. Ses officiers sont désarmés à leurs postes et conduits en criminels à bord des frégates. A ces démonstrations, Ignace prend la fuite. Sa conduite rend plus prudent; on en revient aux cajoleries. Le général parle aux soldats le langage de la confiance; il promet aux mulâtres de les conduire le lendemain à la Basse-Terre, et leur donne l'ordre de s'embarquer. Pelage détermine encore une partie des troupes à obéir. L'autre moitié, soumise le matin, s'échappe sous la conduite de Delgrès, qui soupçonne un piège et maudit la confiance du général provisoire. Ses craintes vont plus loin ; il accuse Pelage de les avoir trahis, et sépare à jamais ses intérêts des siens. C'était à la Pointe-à-Pitre que le débarquement s'était effectué ; les révoltés coururent à la Basse-Terre. Pour augmenter l'effervescence des mulâtres, la nouvelle de l'arrivée de Lacrosse se répandit d'une manière positive.

Si les habitants de la Basse-Terre avaient montré une grande confiance dans l'arrivée de l'escadre, ils ne furent pas moins effrayés de voir que leur ville allait être le théâtre de la guerre. L'approche des rebelles les frappa de terreur. Delgrès profita de cette impression pour exalter le courage des siens, et leur faire prendre une haute idée de leurs forces. Une proclamation manifesta aussitôt ses intentions.

« Mes amis, disait-il aux siens, on en veut à
» notre vie, à notre liberté ; sachons nous défen-
» dre en gens de cœur ; préférons la mort à l'escla-
» vage !

» Pour vous, disait-il aux blancs, je n'exige
» pas que vous combattiez avec nous contre vos
» pères et vos frères ; déposez vos armes, je vous
» permets de vous retirer où bon vous semble. »

Mais les habitants ne voulurent pas fuir, et Delgrès tenta vainement d'arrêter le pillage et les exactions des troupes trop longtemps comprimées sous Pelage.

Au bruit de ces troubles, le général Richepanse dirigea aussitôt l'escadre devant la Basse-Terre. Plus prudent que Lacrosse, Richepanse suivit les avis de Pelage. On tente des négociations : cette fois elles ne devaient point avoir de résultats; les envoyés ne reparurent pas à bord. Un combat s'engagea; les frégates lancèrent des feux meurtriers contre les forts; le débarquement s'opéra, et Delgrès vit avec désespoir les noirs et les mulâtres dirigés par Pelage marcher contre lui. Enfermés dans le fort, les insurgés luttent encore : leurs munitions s'épuisent; ils peuvent fuir; mais en se retirant, Delgrès veut se venger : il ordonne qu'on mette le feu à la poudrière. Des prisonniers entassés dans ce fort allaient être victimes de cet acte. Pelage est instruit de leur danger : il porte l'attaque de ce côté, ouvre une brèche, et le premier sauvé enlève la mèche de la poudrière destinée à les ensevelir sous ses ruines. Les assiégés ont eu, de leur côté, le temps d'effectuer leur retraite; ils ont gagné les hauteurs et disparaissent avant que les troupes européennes songent à les poursuivre.

Une guerre d'embuscade s'organise. Les gens de couleur portent leurs coups où n'est point l'armée. La Basse-Terre attire toute l'attention du général Richepanse. Ignace profite de ce moment : il marche sur la Pointe-à-Pitre, incendie, pille et massacre tout sur sa route; on le poursuit à travers les décombres. C'est encore à Pelage qu'on a recours pour vaincre Ignace. Ce général peut seul combattre à armes égales la tactique du chef mulâtre et sa profonde connaissance des ressources locales. Une victoire décisive est obtenue. Pelage a su tenir en échec le parti d'Ignace jusqu'à l'arrivée des troupes, et dans le combat qui s'engage, on fait deux cent cinquante prisonniers; un grand nombre d'hommes restent sur le champ de bataille, où l'on trouve aussi le cadavre d'Ignace. Les prisonniers furent tous fusillés, et les faibles restes de cette bande ne se rallièrent plus. Le cœur de Pelage souffrait mortellement de tous les témoignages de fidélité que le général français exigeait de lui. Sa conviction le soutenait dans le poste difficile qu'il avait à remplir, car il était personnellement ennemi de toute révolte à main armée.

En se retirant de la Basse-Terre, Delgrès avait établi des retranchements à Matouba, près de la Soufrière; cet endroit était habilement choisi et le poste semblait inexpugnable. Certes, des soldats européens ne viendraient pas poursuivre les troupes de couleur dans les cavernes volcaniques et les gorges de montagnes qui leur servaient de retraite. De là, au contraire, des bandes d'insurgés pouvaient descendre à l'improviste, faire un coup de main et regagner les montagnes. Le jeune chef de cette troupe encourageait de la parole et de

l'exemple ces hommes à une résistance incessante.
— Les blancs, leur disait-il, nous ont ravi nos demeures, nous chassent du sein de nos familles; établissons-nous ici, et renvoyons-leur en détail le mal qu'ils nous ont fait. Ce volcan qui vomit la cendre et le feu nous défendra si l'on nous attaque ; seuls nous pouvons marcher sans péril sur les roches glissantes que nous avons parcourues en jouant dès notre jeunesse. Les vallées qui sont à nos pieds pourvoiront à tous nos besoins. Ce que les blancs planteront, nous irons le recueillir, et bientôt lasse de notre ténacité, épuisée par les maladies du climat, l'armée française renoncera d'elle-même à sa dangereuse entreprise.

Orgueilleux et imprévoyants, les mulâtres et les nègres applaudissaient avec fureur à ces paroles. Ils envoyaient aux blancs des expressions de malédiction et de vengeance, dont le vain bruit se perdait dans les airs.

En projet, tout semblait facile. La nouvelle de la défaite d'Ignace n'était point encore parvenue, et le corps commandé par Delgrès avait fortement compté sur les succès de ce second chef pour préparer les leurs. Des éclaireurs envoyés à la découverte apprirent aux insurgés de Matouba la destruction complète de leurs associés, et les éclairèrent en même temps sur le sort qui les attendait. Le général Richepanse s'avançait, suivi de son armée, vers ces retraites qu'ils s'étaient plu à croire inaccessibles. Aucun obstacle ne les arrêtait. Ils franchissaient les précipices en jetant des ponts volants, conduisaient leur artillerie par les chemins les plus escarpés. Il était évident que les soldats de la République avaient acquis une étrange expérience dans les guerres européennes. « Ce ne sont « plus des hommes que nous avons à combattre, « ajoutaient les décourageants panégyristes ; ce « sont des démons, et leur général, par ses inven-« tions, égale la puissance de Dieu. »

L'attitude morne des insurgés disait assez qu'ils avaient perdu tout courage. Delgrès sentit aussi bien qu'eux combien leur situation était périlleuse, et surtout il savait d'avance, lui qui connaissait la moralité de ses troupes, combien il était difficile de les maintenir dans la résistance sans espoir de triomphe. — Puisque vous voulez l'esclavage, leur dit-il, ou plutôt que vous le regardez comme inévitable, que faisons-nous ici ?... Il est encore temps de se soumettre et de présenter nos mains aux fers que tendent les ennemis. Soldats, que ceux qui veulent rendre hommage aux blancs descendent la montagne, je ne les retiens plus. S'il en est parmi vous qui me gardent quelque confiance, qu'ils me laissent encore pour quelques jours le soin de les défendre. L'armée du général Richepanse arrive en effet ; elle a tourné la base des montagnes et trouvera encore des chemins praticables pour s'élever à la hauteur où nous sommes. Mais regardez au-dessus de vous, et dites-moi si, le pont de Matouba rompu, il est un pouvoir humain qui puisse vous atteindre près du sommet de la Soufrière. Ceux qui resteront fidèles à notre cause trouveront là un retranchement et pourront même redescendre par le chemin que les troupes françaises ont prudemment laissé derrière elles. Mon poste à moi est ici : je couperai le pont qui unit les deux montagnes, et si quelques braves me secondent, nous ferons rouler les pierres et les rochers sur les têtes de nos adversaires lorsqu'ils paraîtront sur la pente de la Soufrière.

Encore une fois le mulâtre l'emporta. Les soldats rougirent de leur faiblesse, et jurèrent de mourir à ses côtés plutôt que de l'abandonner. Un seul homme, Kirwan, l'ami, le camarade de Delgrès, n'avait pas hésité un instant, depuis leur retraite, à se dévouer aux volontés de leur chef. Son attachement aveugle voyait le succès assuré où Delgrès parlait de lutter. Rien ne lui semblait grand, sublime, comme le caractère de son héros; toute sa gloire était en lui; il pouvait se dévouer, sacrifier sa propre vie à l'exécution d'un de ses ordres, sans faire le moindre retour sur lui-même; trop heureux si un mot, un regard de Delgrès lui faisaient voir que ses sentiments étaient appréciés !

Le capitaine était touché d'un intérêt si vrai; mais les dispositions de son esprit ne le portaient pas à s'identifier de sa personne aux affections qu'il faisait naître. Individuellement, il aimait peu ses semblables, mais tenait en masse à l'honneur, à la dignité de ceux dont il avait épousé la cause. Sans cesse blessé dans cet intérêt par ceux-là mêmes qu'il voulait faire grands, implacables, braves et hommes de sang-froid selon l'occasion, il n'avait plus foi en rien, et tenait peu à sacrifier sa vie à la première occasion. S'il poussait encore ses soldats à la résistance, c'est qu'il voulait faire quelque illusion aux ennemis sur les dispositions morales de son armée, non par un vain espoir de succès, mais par un sentiment de parti pour l'honneur des siens.

Du sommet de la Soufrière, les soldats retranchés pouvaient voir les troupes de Richepanse franchir les collines, s'enfoncer dans les vallées et se relever en formant des spirales sur les croupes de nouvelles hauteurs. Une large rivière, dont les eaux basses sont profondément encaissées, va les arrêter. Les sapeurs abattent les arbres, et, profitant d'un endroit où les bords se rapprochent, ils forment un pont solide pour le passage de l'infanterie et même de l'artillerie. C'en est fait, ils marchent sur Matouba. Delgrès fait abattre le pont et retirer les matériaux de son côté : du moins les environs calcinés n'offriront aucun vestige qui puisse remplacer la communication rompue.

— Pendant que les ennemis sont engagés dans cette inextricable montée, dit Delgrès à son armée muette d'anxiété, que la moitié d'entre vous descende sous les ordres de Coudou, Noël et Corbet, et qu'ils aillent faire repentir les blancs de la sécurité où les met notre situation difficile. Le passage est libre du côté des rochers ; ceux qui restent avec moi vont occuper le front de la montagne en face des assiégeants, afin qu'on ne soupçonne pas le mouvement qui s'exécutera. — En éloignant les trois officiers indiqués, Delgrès savait bien qu'il sauvait de la défaite la meilleure partie de sa troupe. D'un autre côté, s'ils s'étaient tous éloignés par le même côté, l'armée de Richepanse se serait aperçue de leur retraite, et un combat s'engageait à la honte des siens. Delgrès ne voulait pas être le témoin de leur anéantissement définitif.

A présent, dit-il à ceux qui restaient, c'est à nous d'empêcher, par notre résistance, que l'ennemi ne marche à la poursuite de nos camarades. Soldats, ceux d'entre vous qui ont lu l'histoire n'ont point oublié les trois cents Spartiates qui se sont immortalisés aux Thermopyles. Nous sommes bien supérieurs en nombre à ces héros, ne leur soyons pas inférieurs en courage.

Les paroles emblématiques du capitaine exaltèrent en effet ses troupes ignorantes. Delgrès ne pouvait leur citer que l'exemple de quelque grande victoire ; ils promirent donc de triompher comme les Spartiates, sans savoir à quoi ils s'engageaient.

Peu d'instant après, les premiers Français se montrèrent sur le sommet de la montagne. Ils s'arrêtent en face des insurgés, dont ils sont séparés par un précipice, et demandent à parlementer au nom du général. Sans les écouter, Delgrès ordonne une décharge, et fait aussitôt retrancher ses hommes derrière des anfractuosités, fortifications naturelles qui les abritent contre les balles des ennemis. Alors, sous un feu que les munitions épuisées des insurgés ne permettaient pas d'entretenir avec vigueur, les sapeurs s'avancent pour placer, où était le pont de solides planches équariés qu'ils ont eu le soin d'apporter. A cette vue, les mulâtres découragés dans leur dernier espoir jettent des cris de grâce et de détresse, et le général Richepanse, averti de leur situation désespérée, ne veut pas abuser de ses avantages. Pour la seconde fois, l'amnistie est offerte à ceux qui rentreront sous l'obéissance.

— Que pouvez-vous encore pour nous? dirent quelques officiers à Delgrès.

— Rien, que vous montrer comment on échappe à la honte, répondit le jeune chef en élevant ses regards vers le cratère fumant du volcan.

Cette fois il fut compris, mais on ne chercha point à l'imiter. Les mulâtres et les nègres déposèrent leurs armes sur le pont, les soldats s'en emparèrent, puis il défilèrent lentement les mains vides du côté de l'armée française. Delgrès, le visage pâle, les lèvres contractées, assistait à cette humiliante défaite. Depuis quelques minutes Kirwan cherchait en vain à attirer l'attention du capitaine en l'appelant à voix basse. Il se hasarda à lui toucher le bras. Ce mouvement imprévu fit brusquement tressaillir Delgrès. — Que voulez-vous? dit-il d'un ton bref. — Vous dire que le même tombeau nous unira, répondit Kirwan d'une voix émue. — C'est bien, ajouta Delgrès ; au moins les Français sauront qu'il y avait deux hommes de cœur dans les rangs de ces lâches.

— Capitaine, j'ai une grâce à vous demander, reprit Kirwan.

— Que puis-je vous accorder ici ? répondit Delgrès d'un air étonné.

— Souffrez qu'une fois encore je vous embrasse comme un frère.

— Pauvre jeune homme, dit Delgrès, en cédant avec calme à ce désir, tu sacrifies plus que moi en mourant ; tu pouvais te relever de là, t'attacher à la vie par les affections. Pour moi, cette question de la guerre résolue, je n'ai plus rien à faire au monde. La vengeance était mon unique passion.

Kirwan fondait en larmes ; sa tendresse aveugle ne s'arrêtait jamais à juger les pensées de son chef. Delgrès allait mourir d'une manière héroïque, le stoïcisme qu'il montrait était un titre de plus à l'admiration du jeune homme.

Quelques vaincus restaient encore de leur côté attendant leur tour pour passer sur le pont mobile.

— Il est temps, dit Delgrès.

— Capitaine, laissez-moi mourir avant vous.

— Non, répondit Delgrès ; mais donne-moi la main, et je t'entraînerai dans ma chute.

Ils atteignirent ainsi les bords du cratère. En s'y précipitant, Delgrès, par un mouvement subit, mais prémédité, lâcha la main de Kirwan.

— O Dieu! il a douté de moi! s'écria Kirwan avant de tomber dans l'abîme.

Une détonation qui ébranla la montagne, et fut répétée par les mille échos environnants, répandit la terreur dans l'armée. Une cendre épaisse, mêlée de lambeaux humains, sortait en jet ascendant de la bouche du volcan; ces débris retombèrent près du gouffre, et la lave ne tarda pas à les recouvrir. La crainte d'une éruption précipita le retour des soldats vers la plaine; ceux qui avaient été témoins de la mort des deux officiers la racontèrent à leurs camarades : cette nouvelle parcourut les rangs des nouveaux débarqués, et les éloges énergiques que les Français donnaient à la fin des chefs mulâtres augmenta encore la confusion de ceux qui s'étaient rendus sans combattre. Dans la retraite qu'ils effectuaient de leur côté, les soldats de Coudou, Noël et Corbet entendirent également l'explosion, et tous les regards se tournèrent vers le cratère.

— Qu'est-ce que cela? se demandèrent les gens de couleur.

— Soyez assurés, leur dit Noël, que Delgrès aura su faire tonner à propos cette pièce d'artillerie contre ses ennemis.

Raffermis par cette heureuse conviction, le reste des insurgés se répandit dans de nouvelles retraites, gagna par mille sinuosités les bois où les nègres marrons s'établissaient depuis longtemps.

Du côté de l'armée française, Pelage, vêtu de

l'uniforme de général de brigade, et dont la figure olivâtre contrastait avec celle des autres officiers, jetait des regards de doute et de compassion sur les captifs. La fin héroïque de Delgrès et de Kirwan venait encore d'ennoblir le malheur des vaincus. Il était leur frère par le sang, mais il n'avait voulu voir en eux que des révoltés; et lui, dont tous les grades avaient été obtenus dans l'armée républicaine, lui que son éducation, une longue résidence en France, avaient affermi dans ses idées d'obéissance aux lois, il commençait à douter de lui-même, et n'osait plus interroger sa conscience. En effet, quelle reconnaissance lui avaient témoignée les créoles pour la longue protection qu'il leur avait accordée, et les efforts de prudence auxquels on devait le retour de la domination métropolitaine? A peine rentrés sous le joug des autorités légales, ils avaient tous calomnié Pelage, et si le général Richepanse avait eu recours à l'expérience du mulâtre dans les divers engagements qui avaient eu lieu, c'était surtout à la connaissance du pays et du moral du parti ennemi que Pelage avait dû cette confiance temporaire.

Où porter ses regards? où chercher des amis? Le général Pelage ne le savait plus, et ce qui était plus douloureux à sa conscience, il ne se sentait pas un approbateur dans l'un ou l'autre parti. Les gens de couleur voyaient en lui l'auteur de leur perte, les blancs prétendaient que l'orgueil de porter l'habit d'officier-général avait seul combattu les sympathies innées du mulâtre. Les nouveaux arrivés eux-mêmes, encore étrangers aux querelles des différentes castes, semblaient ne voir qu'un transfuge dans leur guide. Sous le poids de ces opinions diverses, Pelage marchait le front abattu, la pâleur sur les lèvres, et sa souffrance devenait une occasion de mal penser de lui.

Aucune charge positive ne pesait sur le général de brigade ; cependant, après l'entière répression des troubles, lorsque la colonie releva l'administration sur ses anciennes bases, le conseil renvoya Pelage en France pour y être jugé sur la conduite qu'il avait tenue à la Guadeloupe lors de l'insurrection dont il resta le maître.

Après quinze mois de prison, les charges ayant été insuffisantes pour établir un jugement, on rendit au détenu la liberté, et le premier Consul le fit rentrer comme colonel dans l'armée. Pelage mourut dans ce grade au siége de Vittoria. Maintenant, à voir la Guadeloupe, si ce n'est que les préjugés des castes y sont toujours en fermentation, on ne retrouve plus aucune trace de ces temps de guerre. Le cratère fume encore, la désolation qu'il répand sur ses environs est son propre ouvrage, le passage des armées n'y a rien ajouté, rien laissé. En descendant sur le second plan, c'est toujours un même luxe de végétation, les mêmes eaux roulant entre des pentes garnies d'une multitude d'arbres enlacés de guirlandes de lianes. De ce lieu parsemé de plantes fraîches et vigoureuses, vous voyez la mer, vous entendez ses flots bruire entre les rochers; les marsouins montrent leurs dos d'ébène à travers l'écume, les poissons volants s'élèvent en bandes au-dessus de la vague limpide, les voiles du navire se montrent au loin. Les îles de Marie-Galande, la Désirade, Saint-Martin, et d'autres qui se confondent avec les lignes déliées de l'horizon, parent de leurs contours verts les magnifiques eaux de la mer des Antilles.

De plus bas encore, vous distinguerez la forme des barques qui passent sur l'eau; le chant des nègres rameurs arrive en sons mélancoliques jusqu'à vous; pénétrez dans les forêts, vous verrez le courbaril, le balisier, l'acoma, le balata, le bois de fer au tronc et aux branches gigantesques, le gommier dont on fait des canots d'une seule pièce, le savonnier dont le fruit mousseux sert à laver le linge, les feuilles du carata, espèce d'aloès, qui ont la même propriété. Le bois de rose recherché pour l'ébénisterie, le mancenillier à l'ombrage mortel, au suc vénéneux, croissent aussi dans ces forêts; enfin le bambou, roseau qui s'élève jusqu'à trente pieds, et sert à construire les cases des nègres, rivalise d'aspect avec les jeunes arbres. La chaîne végétale est continuée par la fougère, les mimosas, la sensitive, le cactus, les lianes d'eau, appelées ainsi parce qu'elles contiennent plusieurs pintes d'une eau fraîche, douce et légère.

Dans les plaines on retrouve la variété des palmistes, le maroubier dont les rameaux étendus offrent un immense ombrage aux troupeaux.

Si vous parcourez les endroits cultivés, les champs de cannes à sucre, de café, de coton, les plantations de vivres du pays, le manioc, l'igname, le blé de Turquie, entourés de bananiers vous mettront bientôt au fait des ressources agricoles de la colonie.

Le jacquier, appelé arbre-à-pain, est un des arbres les plus productifs; son fruit pèse de trente à quatre-vingts livres et pend souvent à une élévation de quarante à cinquante pieds au-dessus du sol. Le cocotier et toute la variété des palmistes se retrouvent dans les plantages. C'est certainement le plus beau présent qui ait été fait aux hommes des pays chauds que les palmistes dans toutes leurs variétés. L'un porte des graines qui produisent des huiles, ou deviennent un aliment très-nutritif ; rien de plus délicat, comme mets, que la chair du chou palmiste. Il est vrai que pour se procurer ce chou il en coûte la vie de l'arbre; mais cette considération ne retient pas pour l'abattre : la végétation est si abondante, si facile, sous les tropiques! Avec l'écorce d'autres palmiers on tresse des cordes solides, et ces arbres sont encore un ravissant ornement partout où ils croissent.

Pour l'aspect, les orangers gagnent à être transportés dans nos serres. On éprouve quelque désappointement à voir cet arbuste si arrondi, si lisse et si frais dans nos caisses, affecter dans ses formes, quand on le rend à son impulsion naturelle, toute la rudesse des pommiers exposés à l'intempérie de nos hivers. Le citronnier est plus élégant dans sa forme, qu'on peut appeler buissonnière, quoiqu'il élève sa tête jusqu'à quinze ou vingt pieds. Près de ces arbres qui prodiguent leurs fruits toute l'année, on voit des goyaviers, des abricotiers dont le fruit n'a de commun que le nom avec nos abricots. L'avocayer ou beurre végétal, le corosol, les ananas, le giroflier, le cannelier, le poivrier, le muscadier, les vignes et les figuiers, le melon, et cinq ou six variétés de piment, complètent à peu près les richesses des produits des Antilles.

Beaucoup d'arbustes donnent des fleurs abondantes; mais presque toutes sont privées d'odeur, si ce n'est les tubéreuses, les jasmins, les lauriers, les balsamines et la belle-de-nuit, et enfin les roses. Par un préjugé assez bizarre, on fouette les rosiers à grands coups de lanière quand ils cessent de produire des fleurs; et, comme en cinglant l'arbuste on le taille sans le vouloir, les nègres ne manquent pas de croire que c'est le châtiment qui a fait son effet sur les rosiers.

Avant de quitter la Guadeloupe, il faut que nous parlions des désastres de l'hivernage, qui lui sont communs avec les autres îles des Antilles. Les ras de marée sont un des plus redoutables fléaux de ces parages; rien dans le temps n'annonce la venue du ras de marée : l'atmosphère est calme, le ciel brillant; toutefois c'est lorsque les vents de l'ouest et du sud règnent, que ce terrible phénomène se manifeste. Tout-à-coup la mer est violemment agitée à l'intérieur ; d'un seul effort elle se soulève à une grande hauteur, et vient se briser sur les côtes qu'elle submerge. Si quelques navires se trouvaient près des côtes ou même en rade foraine devant la Basse-Terre, ils sont perdus. Aussi, dès les premiers symptômes du mal, voit-on les marins gagner à pleines voiles le large, afin de ne pas s'exposer à venir se briser contre les rivages des îles.

Si les ras de marée sont l'effroi du commerce maritime, les ouragans menacent en même temps et ceux qui sont à terre et ceux que la responsabilité d'un navire retient en mer. Souvent le ras de marée n'est que le présage de ce second désastre. L'hivernage, qui a lieu de la mi-juillet à la fin d'octobre, est la saison où l'on est exposé à ces malheurs. Le soleil, qui pèse alors d'aplomb sur les Antilles, arrête le cours des vents d'est, tient les nuages en stagnation, et produit des explosions soudaines de tourbillons furieux, de torrents de pluie, de tonnerre et d'éclairs, accompagnés d'un gonflement épouvantable des flots et d'oscillations du sol. Rien ne résiste à l'impétuosité du vent, et tous les lieux qu'il parcourt ne présentent plus que l'image de la destruction. Une immense quantité de pluie ajoute encore à l'horreur du bouleversement de la nature. L'eau se précipite des montagnes, roule dans les ravins en nappes tourbillonnantes. Il semble que l'anéantissement de la race humaine soit la fin de cette scène de désolation. Cependant le vent s'apaise graduellement; en se retirant, l'orage ne laisse plus entendre que des roulements sourds; les nuages devenus transparents s'écartent et découvrent un ciel du plus bel azur; la température rafraîchie n'a jamais été plus agréable. On serait heureux si chacun n'avait à aller examiner d'un œil inquiet le dommage fait sur ses récoltes. Souvent tous les vivres sont ravagés et la famine menace les ateliers nègres, ou oblige les propriétaires à d'immenses dépenses pour s'approvisionner de manioc dans les autres colonies. Par compensation, les pluies diluviennes ont fait descendre la terre végétale des montagnes; elles forment par leurs chutes successives des plaines d'alluvion où se font les plus riches cultures.

Après avoir visité les Antilles françaises, nous allons quitter cet archipel pour nous diriger sur la Guyane. Par un beau temps, deux ou trois jours suffisent à ce trajet.

L'aspect de Cayenne cause généralement une agréable surprise. On arrive près de terre encore préoccupé des souvenirs de déportation; on s'attend à reconnaître un lieu d'exil n'offrant à l'œil que sables et marécages : déjà au loin les eaux vaseuses de la mer ajoutent à cette appréhension. Une nature aride, sévère, va sans doute se montrer en harmonie avec cet océan grisâtre. Plus le navire approche, et plus l'eau devient d'une couleur foncée; de grandes taches en indiquent les différents fonds. Près du cap d'Orange, la mer est tout à fait de la couleur dont ce cap porte le nom; mais à peine les côtes se dessinent-elles ornées partout de leur riche ceinture de palétuviers, que l'admiration renaît de l'imprévu d'une végétation si extraordinaire. Les derniers regards jetés sur les Antilles ont montré des côtes habilement découpées, laissant à découvert, sur leurs anses de sable, des zoophytes ou panaches de mer, dont le travail minutieux enchante l'observateur; des coquillages si variés de dessins et de couleurs qu'on croirait voir un assemblage des fleurs les plus variées et les plus rares. Ici les arbres baignent dans la mer, croissent sur des fonds de vase à peine affermis près du rivage. Des graines apportées par les marées germent là; des haies profondes et serrées de palétuviers s'établissent, et le terrain, consolidé par leurs racines, se prépare lentement à être desséché plus tard. Toutes les terres basses de la Guyane ont ainsi été formées par des alluvions successives.

Étant encore en mer, on voit çà et là surgir au-dessus de l'eau des rochers aux contours bizarres. L'un s'appelle le Grand-Connétable; il est couvert d'oiseaux qui s'envolent par milliers au bruit de quelques coups de fusils tirés en passant devant ce rocher. Le Petit-Connétable n'est pas loin de celui-ci. On prend déjà une idée de la forme naïve du langage créole en entendant les noms des îlots qui sortent de l'Océan tout parés de verdure. Ici vous voyez dans l'isolement l'Enfant-Perdu; là c'est la Roche-Grondeuse, récif autour duquel l'eau bouillonne. Les îlots le Père, la Mère et l'Enfant se pressent dans un petit espace, comme s'ils étaient liés par une même base.

Dans une direction opposée sont les îles du Salut, seules habitées dans tout ce petit archipel; mais leur destination éveille de tristes pensées. C'est là que sont déportés les lépreux que la peur de la contagion force à éloigner de la colonie.

J'entendis raconter à une religieuse qui avait visité ces malheureux l'année précédente, qu'ils manquaient souvent des choses nécessaires à la vie. Leur île n'a ni source ni fontaine. La soif brûlante des lépreux leur fait bientôt épuiser l'eau envoyée de Cayenne, et jamais l'approvisionnement ne répond au besoin des malades. La religieuse qui me parlait d'eux s'était chargée de porter leurs réclamations au gouverneur. Par la nature de ces réclamations, on pouvait juger de l'excès de dénuement auquel ils étaient réduits. La prière de doubler leur ration d'eau fut unanimement exprimée d'abord; puis les lépreux demandèrent encore des planches pour faire des lits de camp dont la plupart d'entre eux manquaient; enfin, et pour dernière faveur, ils souhaitaient des feuilles sèches de balourou, pour couvrir leurs carbets.

La religieuse ajouta avec une simplicité vraiment évangélique : « Des sœurs de mon ordre « offrirent, à mon retour, d'aller habiter l'île du « Salut, pour donner des secours et des consola- « tions aux malades. Notre vœu n'a point été ac- « cueilli, et nous le regrettons bien pour ces pau- « vres gens. Abandonnés à eux-mêmes, ils oublient « notre religion qui pourrait seule relever leur « courage. »

Tandis qu'elle me parlait, je croyais déjà entrevoir la chapelle, l'hôpital, confiés aux soins de sa communauté, se dessiner au sommet de l'île, dont nous ne pouvions plus détacher nos regards. De jeunes sœurs de Saint-Joseph m'apparaissaient humbles et dévouées, accomplissant une mission évangélique. Mais les dernières paroles de la religieuse me revinrent : — Son vœu n'avait pas été accueilli.

Toutefois, depuis lors et après tant de supplications incessantes, la supérieure-générale de l'ordre de Saint-Joseph a obtenu de transférer les lépreux dans un quartier de la colonie où elle fonde des établissements pour la libération des esclaves.

La terre du continent se montre enfin hérissée de montagnes peu élevées, mais très-rapprochées les unes des autres. Je suppose que le pays observé à vol d'oiseau offrirait l'aspect d'un champ sillonné par la main des géants. Des marécages dans les fonds, des bois sur les hauteurs, sont uniformément répétés partout. Des rivières très-multipliées qui coupent le sol et se croisent de mille façons, vues de haut, sembleraient encore un vaste réseau d'argent à larges mailles étendu sur toute la Guyane.

Du point où l'on arrive par mer, Cayenne se dessine comme un charmant village qui rappelle une vue de Suisse. Les maisons sont en bois, et peintes de diverses couleurs. On voit, à la pente prodigieuse donnée aux toits des anciennes constructions, que le soin important fut d'abord de se garantir des pluies qui, pendant sept mois de l'année, tombent en abondance. A présent le bon goût a fait justice de cet excès de précaution. La toiture des maisons modernes est en harmonie avec le reste de leurs proportions, et les galeries régulièrement fermées par des jalousies, seules fenêtres connues dans ces climats, préservent de l'ardente réverbération du soleil sans nuire à la circulation de l'air.

Un fort domine la ville. C'est de là que les signaux avertissent les habitants de l'arrivée et du départ des navires. Sur le chemin par lequel on monte à ce fort, de petites cases se montrent avec leurs jardins, fermés par des palissades grossières; mais tous ces bois sont recouverts de plantes grimpantes du plus joli effet. Les bananiers aux larges feuilles, dont une seule forme chaque branche, des palmiers aux troncs svelles, aux rameaux souples et élégants, s'élèvent entre les habitations et sur les hauteurs. Les cocotiers dressent bien au-dessus des autres arbres leurs tiges grêles assez mesquinement terminées.

Au retour des navires qui entrent dans le port, on voit bientôt arriver de légers canots manœuvrés par des nègres dont les maîtres viennent demander des nouvelles de France et apporter en échange des fruits du pays aux passagers. La nouveauté de ces productions excite l'étonnement des Européens; mais s'ils veulent connaître la saveur des fruits qu'on leur vante, chaque essai devient une déception. On rejette tour à tour les mangues, les sapotilles, les pommes-canelles, les pommes de Cythère, les bacôves, les barbadilles, le corossole, et bien d'autres fruits encore. L'ananas, les melons et les oranges plaisent d'abord exclusivement. Peu à peu, en se familiarisant avec le climat, on trouve à chaque fruit une qualité qui répond à une modification dans les goûts.

En parcourant la ville pendant la chaleur du jour, on ne rencontre guère que des esclaves dans les rues. La vue de ce peuple noir ne reproduit pas plus que l'aspect de la terre l'idée qu'on s'en était faite d'avance. En général, les nègres n'ont pas l'air triste. Ceux que l'on voit en premier lieu dans les canots sont presque sans vêtements; tous, par exemple, portent un chapeau plus ou moins bossué. Cette coiffure et leurs gestes, qui tiennent quelque peu du singe, excitent le rire plutôt que la pitié. Puis, en étudiant les usages créoles, on compte, sur les galeries basses des maisons, un assez bon nombre d'esclaves, pour être rassuré à leur égard, du moins quant à la distribution du travail. En effet, quelle que soit l'exigence supposée des maîtres, grâce au luxe qui multiplie leur nombre, la part de chaque esclave ne doit pas excéder ses forces. D'ailleurs les grands nègres, hommes et femmes, ont sous leurs ordres des enfants qu'ils forment au service et à l'obéissance. Pour ceux-là, ils sont vraiment à plaindre : les mauvais traitements leur arrivent de tous côtés, chacun ayant sa part d'autorité sur eux ; ils servent encore de jouets à leurs jeunes maîtres, qui s'accoutument de bonne heure au despotisme, en exerçant sur ces enfants esclaves une autorité sans bornes.

Pour prendre une idée favorable du luxe des nègres, il faudrait entrer à Cayenne un jour de fête. L'originalité et la grâce tant soit peu sauvage du costume des négresses les sauve tout d'abord de la comparaison avec les femmes blanches. Elles portent une chemise de percale fine empesée et plissée sur la poitrine et sur les manches; des poignets justes, attachés par des boutons, ferment le corsage, et retiennent les plis des manches au-dessus du coude. Des bracelets, des chaînes d'or, des colliers de corail et de grenat, ornent leurs bras et leur cou, habituellement découverts. Un camisard, pièce d'étoffe carrée, à larges raies, aux couleurs vives, s'attache autour de la taille, dont il accuse rigoureusement toutes les formes, et descend jusqu'à la cheville. La manière de mettre le madras et le camisard est loin d'être indifférente, et les esclaves de la ville ont une immense supériorité sur les esclaves des habitations, dans ces deux points importants de la toilette. L'indolence de la marche a aussi sa coquetterie étudiée chez les unes, qui n'est plus que l'expression de la paresse chez les autres. Enfin on ne tarde pas, dans les diverses comparaisons que l'observation vous porte à faire, à retrouver tous les degrés du beau et du laid dans les différentes physionomies de la classe noire, à laquelle on a cru voir, au premier aspect, une même enveloppe uniformément répétée sur tous.

Une surprise d'un autre genre est encore réservée à l'Européen. De quelque couleur qu'ils soient, les créoles libres ou esclaves ont un langage doux, qu'ils parlent d'un ton enfantin, dont l'affectation n'a rien que d'agréable à l'oreille. Les tournures de phrases sont si peu variées, qu'on ne remarque presque pas de différentes nuances dans la manière de s'exprimer en créole; aussi l'accent populaire des matelots et des soldats blesse-t-il singulièrement l'ouïe, quand, après s'être déshabitué de cet accent, on vient à l'entendre de nouveau.

A Cayenne, comme dans tous les pays où l'esclavage est établi, les étrangers sont surtout frappés de l'élégance naturelle de la société, élégance indépendante de la culture d'esprit, qu'elle n'exclut pas, du reste, mais qui tient d'abord à l'habitude du commandement ainsi qu'à la confiance d'une incontestable supériorité. Les femmes ont un bon goût inné qui les éloigne de tout ce qui approcherait du ridicule; leurs dehors pleins de douceur, leurs formes aristocratiques, ne ressemblent pas à ce que l'on rencontre dans les hautes classes de la société en France; mais, à coup sûr, un salon créole n'offrirait aucun aliment à la critique la plus dédaigneuse.

Ne cherchez pas sur les jeunes visages les couleurs brillantes de la santé; un climat dévorant, d'accord avec le préjugé colonial, marque les blanches d'un cachet de débilité qui devient une grâce de plus, mais une grâce attristante. On ne saurait rattacher l'idée du travail, la pensée d'une vie active, à la vue de la race européenne telle que les colonies la transforment dès la seconde génération. Il semble même, à voir d'un côté la force dépourvue d'intelligence, de l'autre la faiblesse du corps et la supériorité de l'esprit, que chacun soit dans le rôle que la Providence lui a assigné; et telle a été jusqu'ici la ferme conviction des créoles.

Pour être historien véridique, je dois entrer dans quelques détails sur les inconvénients attachés au climat de Cayenne. La propreté, le luxe dont on peut s'entourer, ne sauraient vous préserver des ennemis qui assiègent en tout temps votre repos. Dans la saison des pluies surtout, on croirait le pays livré aux plaies de l'Égypte. Le jour, la nuit, quelque part que vous soyez, mais surtout près des arbres et loin des rayons de la lumière, des nuées de moustiques s'acharnent après vous et livrent de rudes assauts à la dose de patience dont le Ciel vous aurait infailliblement doté, s'il a été écrit au livre du destin que vous verriez les pays situés sous le tropique. Les maisons n'abritent pas contre ce fléau, bien que, pour ne pas en augmenter les causes, on ait le soin de n'avoir aucun arbre dans son voisinage, au grand désenchantement des Européens, qui demandent d'abord à s'entourer d'ombrage, à voir des jardins où les palmiers et les orangers forment des voûtes épaisses. C'est à faire frissonner un créole, qui sait, lui, à quel prix ces beautés s'achètent. La nature, abondante et féconde à la Guyane, tout en répandant ses dons, multiplie les espèces nuisibles dans une désespérante proportion. Si les torrents de pluie qui submergent les terres et imprègnent d'humidité tout ce qui vous touche mettait à flot quelque jour une maison de Cayenne, ce serait à coup sûr une arche de Noë d'un nouveau genre, qui porterait, dans le lieu où elle aborderait, la plus complète collection d'insectes que l'on ait encore recueillie.

Après le coucher du soleil, les crapauds entonnent un concert qui ne s'interrompt plus que le lendemain; on les rencontre à chaque pas dans les rues. Ils entrent familièrement dans les maisons, dont les chauves-souris sont des hôtes plus assurés encore. Les ravets, sorte de hannetons, vivent de votre pain, goûtent à tous vos mets, coupent le linge et les étoffes, se glissent partout, se trouvent à chaque instant sous vos mains, et laissent une insupportable odeur à ce qu'ils ont touché. Des mille-pattes d'une magnifique espèce, des scorpions, des poux de bois et des fourmillières de toutes les variétés possibles, des araignées monstrueuses, sont là sous vos yeux, à toute heure, se dévorant les uns les autres. Enfin la mouche à drague, bien autrement redoutable que la mouche à miel, fait son nid sous votre toit, dans votre salon même, quand la fantaisie lui en prend, et c'est à vous d'être sur vos gardes pour ne pas la toucher, ou son dard perçant punirait cruellement la moindre distraction. Du reste, fort brave de sa personne, elle vient se poser sur vous, se promener sur votre figure comme si vous aviez accepté les conditions du traité fait à son seul avantage.

Les cinq mois de sécheresse constamment assurés chaque année sont un moment de diminution sensible de tous ces inconvénients. Mais alors même les promenades par terre sont très-difficiles pendant la chaleur du jour, et impraticables le soir, à moins qu'un de ces clairs de lune si justement vantés ne vienne succéder au coucher du soleil. On sait que, dans les latitudes équinoxiales, le jour et la nuit, divisés en parts égales, règnent tour-à-tour sans transition. Le matin, à six heures moins un quart, il fait nuit complète. L'heure n'a pas fini de sonner que le soleil brille au-dessus de l'horizon et embrase l'air de ses feux ardents. Le soir, pareillement à six heures, on passe du jour à la nuit sans avoir joui d'un instant de fraîcheur accompagnée de clarté.

Par exemple, je ne saurais médire des insectes ailés et phosphorescents qui, paillettes mobiles, font luire de mille feux les arbres assombris par la nuit. On croirait que des fées aériennes, enveloppées de manteaux qui trahissent à demi leur présence, viennent vers le soir jouer capricieusement dans le feuillage. A part cette poésie, tant d'éclat ne peut manquer de coûter cher à l'espèce en dénonçant sa présence à quelque oiseau de nuit dont ces lucioles deviennent la proie.

Je ne dirai rien des serpents, des tigres et autres animaux; les forêts et les marécages en sont abondamment pourvus, dit-on. N'étant point allée au-devant d'eux, je n'en ai point vu, et si je m'étais armée de courage pour de si grands événements, ce sentiment a dû se changer en résignation contre les infatigables petits ennemis que rien ne parvient à chasser.

Si vous quittez la ville pour aller chez un habitant (c'est de ce nom qu'on appelle les propriétaires de cultures), il faut presque inévitablement s'embarquer au même point où vous avez touché terre pour la première fois, revoir la rade qui est vaste, mais encombrée par la vase, et choisir entre les différentes rivières qui viennent s'y jeter, celle qui doit vous conduire au lieu de votre destination.

Cayenne n'est point isolée du continent par la mer : trois rivières, celles de Mahury, celle du Tour-de-l'île, qui se perd dans la rivière de Cayenne, et cette dernière, qui a son embouchure dans la rade, forment avec l'Océan ce qu'on appelle l'île de Cayenne. Mais alors même que l'habitation sur laquelle on va ne serait point au-delà des rivages de cette île, on préfère les trajets par eau à la fatigue de marcher à travers les bois et les savanes pendant la chaleur du jour. Des dangers et des inconvénients de toute espèce empêchent de voyager la nuit autrement que sur les rivières. Cependant une route de voiture conduit de la ville à une petite résidence resserrée entre deux montagnes, et ce lieu, qu'on appelle Baduel, est la maison de campagne du gouverneur. Le chemin qui y mène est sans cesse fréquenté par des nègres et des négresses qui vont, en chantant, la cruche sur la tête, chercher pour leurs maîtres de l'eau à la fontaine Baduel. Rien de plus pittoresque que ce rendez-vous des esclaves. L'eau, paresseuse et lente comme eux, tombe goutte à goutte de l'ouverture d'un rocher qui s'élève perpendiculairement à une grande hauteur; des ombrages touffus abritent les alentours pour maintenir la fraîcheur dans ce lieu. Pendant que l'eau coule à son gré, les nègres, hommes et femmes, accroupis en rond autour de la source, bien assurés que personne ne viendra les surprendre là, se mettent à raconter des histoires; et quelque châtiment qu'ils attendent au retour en dépassant l'heure prescrite, nul ne résiste au plaisir d'écouter un récit merveilleux. De ces histoires de la fontaine, on m'en a redit une; et fascinée par l'influence du lieu, je vais aussi m'arrêter pour la répéter, au risque de ne plus savoir comment renouer mon récit descriptif.

Un nègre pêcheur vint un jour à la source avec son valet; c'est le nom consacré pour le nègre placé sous les ordres du pêcheur, esclave lui-même. Tous les deux, le pêcheur et son valet, arrivèrent donc à la source de Baduel dans l'instant où la réunion était nombreuse. Le pêcheur, appelé Jean-Prosper, avait la réputation de pouvoir jeter une piaille (ce que nous appelons sort), et d'être en commerce avec les esprits de la nuit. A qui n'avait point foi dans les maléfices, son air dénonçait seulement la ruse et l'obstination. Tout récemment, il avait subi un châtiment pour la diminution sensible qui s'était fait sentir dans l'approvisionnement de la table de son maître, et les bruits répandus à cette occasion excitaient fort la curiosité des nègres. Jean-Prosper fut vivement sollicité de dire toute la vérité à ce sujet. En vain voulut-il s'en défendre, sa cruche lui fut enlevée, on lui prit sa pagaye, sans laquelle il ne pouvait rejoindre son canot. Contraint de céder à l'importunité de ses camarades, Jean-Prosper s'assit d'un air sombre et commença son récit, que nous voudrions répéter dans son véritable langage, pour lui laisser toute sa naïveté; mais le créole a besoin d'étude pour être compris, et nous préférons de beaucoup le français au patois usité à l'Opéra, et que jamais nègre n'a parlé.

— Eh bien donc! puisque vous autres voulez savoir toutes choses, dit Jean-Prosper, je vous dirai qu'une nuit, dans le temps que j'étais sur la rivière, ayant jeté mes filets, et restant dans mon canot sans faire plus de bruit qu'un oiseau qui dort sous les feuilles, mais moi, les yeux bien ouverts, et songeant seulement à prendre du poisson, je vis tout-à-coup la grand'maman de l'eau qui se tenait sur la rivière sans barque ni pagaye. Son visage était blanc comme la fleur du jasmin du Cap; elle peignait ses longs cheveux et ne pouvait jamais arriver au bout. Mon corps était transi de peur, et je ne soufflais mot... Grand'maman de l'eau vint me parler... — Dans cet instant, l'auditoire laissa échapper une exclamation de terreur, et se rapprocha en un cercle plus étroit. — Jean-Prosper, me dit-elle, donne-moi ta barque et ta pagaye. — Ce n'est pas à moi, lui répondis-je; mon maître me battrait, si je retournais à l'habitation sans son bagage. — Maman de l'eau ne parla plus, et je la vis s'en aller. Mais cette nuit-là, pas plus de poisson dans mes filets qu'il n'y a d'eau dans ma cruche! — Et en disant cela, le narrateur donna une preuve de la véracité de son récit, en faisant tourner entre ses mains le vase, qui ne laissa pas tomber une seule goutte de liquide. L'expérience soumise aux regards approbatifs de l'assemblée, Jean-Prosper plaça la cruche sous la fontaine et reprit son histoire. — La matinée était avancée quand je suis rentré à l'habitation : c'eût été folie de raconter à mon maître comment la chose s'était passée; il n'aurait pas voulu me croire. Mon compte était arrêté d'avance; j'ai reçu mes cinquante coups de fouet sans rien dire, et la nuit suivante me voilà encore sur l'eau. Cette fois, pas de maman de l'eau, mais ce fut bien pire : il survint une barque pareille à la mienne, où l'on ne voyait personne, et dont les pagayes, s'agitant à chaque bord, faisaient manœuvrer la barque comme si dix rameurs l'avaient conduite. Je m'arrête, la barque s'arrête aussi; je jette mon filet, un filet tombe de la barque, mais le mien resta vide, et la pêche fut magnifique en face de moi. Le lendemain, je laissai passer une bonne partie du jour avant de rentrer chez mon maître, et cette fois la punition fut double. Oh! mon pauvre dos! Le commandeur n'avait pas voulu croire mon histoire : aussi a-t-il frappé comme si le poisson eût manqué à son propre souper. Il fallait en finir, je n'aurais pas pu résister longtemps à tout cela. Alors, qu'ai-je fait? Brisé comme je l'étais, je pars encore le soir et j'attends la barque, bien décidé à ne pas la laisser passer avec son poisson. Tout s'arrangea comme les nuits précédentes; mais dans le temps que le filet se remplissait, je me jette à la nage, je saute dans la barque, et, pagaye en main, me voilà en route pour l'habitation. Une bonne pêche, ma foi ! et ce qui est plus ex-

traordinaire, je me sentais tout à fait guéri, et la barque et les pagayes ressemblaient si bien à ma barque et à mes pagayes que personne n'y pouvait rien connaître. Par exemple, mon maître et le commandeur sont encore persuadés que c'est le fouet qui a fait revenir le poisson. Ils disent que je venais le vendre à la ville, et cependant il n'en est rien. Maman de l'eau et moi nous le savons bien.
— Et comme si Jean-Prosper eût voulu se soustraire aux questions qui allaient succéder à la stupéfaction générale, il prit brusquement sa cruche à laquelle il avait songé d'avance, la donna à son valet, et tous deux suivirent le chemin qui devait les ramener à leur canot.

Maintenant, reprenons notre route, et puisque les digressions nous ont éloignés du rivage, continuons notre voyage par terre. — Baduel est à une lieue de Cayenne. Le chemin, tracé de main d'homme, conduit tantôt par de magnifiques allées, tantôt par des voies quelque peu dangereuses pour les voitures, quatre lieues plus loin encore, jusqu'aux bords du Mahury, à l'embouchure de ce fleuve dont les rivages montueux s'ouvrent sur la mer, en face des rochers appelés les Connétables. Vous êtes là dans un des plus beaux endroits de l'île, dont les côtes disputent de richesse avec les côtes du continent.

Les hauteurs couronnées de bois de cacaoyers, où l'on trouve enfin, pendant toute l'année, un terrain ferme sous ses pieds et de la verdure sur sa tête, enchantent les regards. Près du rivage, vous avez des champs de cannes-à-sucre dont les flèches chevelues se balancent mollement. Ces arbustes, alternativement couverts de fleurs semblables à celles des jasmins, ou de cerises d'un rouge éclatant, sont des caliers. Ici, selon la saison, encore, vous pouvez voir le cotonnier orné de ses larges fleurs jaunes ou bien laissant échapper ses blancs flocons de la graine noire qui les contient. Puis çà et là, à travers les découpures des arbres ou sur le penchant des montagnes, des maisons et des manufactures vous rappellent que ce lieu, si imposant par son silence, est néanmoins un pays habité. Mais toutes ces parties n'ont pas été envahies par des cultures, et vous pouvez facilement aussi apercevoir sur la rive opposée, au pied d'autres montagnes, des savanes tremblantes qu'on prendrait pour de magnifiques prairies. Là, des caïmans enfoncés dans la vase cachent et montrent, à de courts et réguliers intervalles, leurs têtes menaçantes. On croirait de loin voir les ébats de gnomes malicieux qui défient l'homme de leur enlever cette terre frémissante que la rame ne peut franchir, et qui ouvre des abîmes sans fond sous les pas du voyageur imprudent ou du nègre fugitif. Des bordures d'arbres à la forme variée, au feuillage de mille formes différentes, dessinent de la façon la plus pittoresque les bords de ces savanes, et à vos pieds vous retrouverez le large fleuve du Mahury, que le moindre vent soulève en ondes furieuses; et cependant il faut vous disposer à le traverser dans un léger canot. C'est un tableau qui ne s'oublie jamais quand on l'a vu, mais qu'il est au-dessus de mes forces de reproduire, bien que je l'aie admiré et que mes souvenirs le rendent encore présent dans tous ses détails à ma pensée.

Ici la route nous quitte, et pour visiter les habitations continentales, il faut prendre le parti de s'embarquer. Nous aurions été plus fidèles aux usages du pays, ainsi que je l'ai dit d'abord, en suivant un premier trajet par eau. C'est presque toujours par les rivières que l'on va d'un point à l'autre. La nature s'est montrée prodigue de ce moyen de communication. Des criques et des rivières d'une immense étendue se croisent entre elles après mille détours. Parfois, en se rejoignant, elles forment comme de vastes lacs semés de petites îles ombragées. Le palétuvier, qui croît partout où remonte la marée, cache régulièrement la vue des rivages dans les terres basses. On fait de longs trajets en canot sans découvrir une seule échappée à droite ou à gauche; aussi perd-on bientôt l'admiration dont on avait d'abord été saisi à la vue de cet éternel rideau de verdure. Souvent encore, le cours des rivières est interrompu par des sauts et des cascades, obstacles insurmontables à l'exploration intérieure du pays par les navires, qui ne peuvent plus avancer sur ces voies d'ailleurs si largement tracées. De légers canots parviennent seuls à franchir ces obstacles; encore faut-il que les rameurs se jettent à la nage et dirigent l'embarcation à travers les écueils, tandis que les passagers sautent de rocher en rocher, ou bien suivent, non sans peine, le sentier glissant pratiqué sur l'extrême bord du rivage. Quelquefois les nègres sont obligés de prendre le même chemin, et portant le canot sur leurs épaules, ils viennent le remettre à flot au-dessus du rocher. Pour qui voit ces accidents de la rivière en amateur désintéressé, l'effet lui en paraît ravissant : mais on sent combien des difficultés aussi multipliées doivent nuire aux communications journalières, et empêcher les défrichements de l'intérieur de la Guyane. Je ne crois pas que l'intervalle des sauts à l'embouchure excède vingt ou trente lieues dans les rivières les plus favorables à la navigation. Les voyages que j'ai pu faire n'ayant même pas atteint ces limites, je n'entraînerai point le lecteur jusque-là ; et traversant seulement le fleuve, nous nous arrêterons sur une habitation qui, de toutes celles que j'ai vues à Cayenne, m'a surtout frappée par l'élégance de son ensemble. Pour arriver en ce lieu, il faut entrer dans un canal et perdre de vue les rivages du Mahury. Une vaste étendue de pays plat, moitié savanes, moitié cultures, se déroule devant vous ; aussi est-ce uniquement par les soins donnés à l'agrément, que l'habitation dont je vais parler mérite une observation spéciale. Le propriétaire, Européen éclairé, maître rempli d'humanité, avait employé ses soins à rendre sa demeure séduisante, à procurer à ses esclaves tous les adoucissements que comportait leur sort ; et je ne sais quelle gracieuse symétrie faisait de chaque construction utile un ornement qu'on aurait dit ajouté à l'ensemble pour le seul plaisir des yeux. Des avenues de palmiers conduisent à la case principale, qui, dans son élégante simplicité, s'harmonise avec ses allées répétées devant chacune des façades uniformes de la maison. Une cour simulée par un double rang des mêmes arbres plantés en carré continue la décoration de l'avenue, et répond aux quatre galeries ouvertes pavées en briques et soutenues par de simples poteaux en bois, soigneusement équarris. Le premier étage, plus étroit que le rez-de-chaussée de tout l'espace des galeries abritées d'un toit légèrement incliné, est fermé par des jalousies vertes. Hors du lieu où elle est placée, cette maison ne serait qu'une charmante cabane, ou plutôt une création de fantaisie à mettre dans un parc ; mais son genre et ses proportions se fondent là dans un ensemble si heureux, que l'imagination ne saurait rien souhaiter qui lui fût préférable. D'ailleurs, à côté de ces palmiers aux lignes correctes, aux troncs lisses et brillants, s'élevant en colonnes qui s'amincissent en passant par différentes nuances, d'abord d'un gris foncé vers le pied, puis d'un gris argenté, et enfin d'un vert clair au sommet, terminé par une couronne de rameaux au feuillage souple, retombant comme de larges plumes et se soulevant comme elles au moindre effort de la brise ; à côté de ces palmiers, quels effets de l'art auraient pu surpasser cette œuvre de la nature? J'ai vu, dans un autre endroit, une longue allée des mêmes arbres parvenus à leur plus grand développement; on se croyait en un temple : la prière se formulait involontairement dans l'âme sous ces voûtes pleines de majesté.

Les avenues de l'habitation, encore peu élevées, offraient l'image d'une grâce plus modeste. La trop grande régularité était sauvée par des massifs de fleurs qui sortent entre les arbres. Des lauriers-roses doubles, des jasmins aux pétales épais, larges et découpées comme celui de l'œillet, des rosiers du Bengale, des roses de Chine, d'un rouge incarnat, au calice d'or, que les colibris viennent sans cesse becqueter, puis une autre sorte d'ébénier, appelé poincillade, aux bouquets rouges et jaunes, se mêlaient en haies vives entre les palmiers. Ces haies s'élèvent à une grande hauteur. Les arbustes de nos pays froids, les maigres productions portant étiquette dans nos serres, sont des arbres dans l'Amérique méridionale. Les plates-bandes n'ornent pas les jardins; la végétation, partout grandiose, s'élève en buisson dans ses moindres effets, et dédaigne l'humble forme de nos touffes de fleurs. Le manglier aux pousses rouges, l'immortelle qui donne les graines rouges et noires appelées graines d'Amérique, le mombin, le tamarin au feuillage léger et touffu, étonnent par leurs proportions gigantesques. Cependant il leur manque la principale poésie des arbres : arrivés à leur plus haute stature, ils ont tout au plus âge d'homme; et dans les forêts mêmes, les arbres, si antiques qu'ils soient, n'ont rien à révéler; des générations ne se sont pas succédé sous leurs ombrages toujours déserts. L'orme qui est près du banc de la plus misérable chaumière, nos chênes aux branches si tristement mutilées, éveillent bien d'autres pensées, quand on songe qu'ils comptent des siècles d'existence à côté des créatures qui passent si rapidement devant eux!

L'habitation dont je viens de parler est une sucrerie; ses usines, les servitudes et les cases des nègres, malgré leur utilité, ne démentent point l'idée qu'on est en un lieu de plaisance. A vrai dire aussi, il ne fallait pas moins, pour rendre supportable cette terre à peine sortie de l'état de marécage. Si le lecteur a bonne mémoire, il devinera bientôt qu'une incroyable multiplicité d'insectes, formés par l'humidité du terrain, retenus par la fraîcheur des arbres, gâte quelque peu la poésie de ce séjour. Contre cet inconvénient, on a la ressource de la fumée et des chasse-mouches. Aussi, à l'heure bienfaisante de la volée, voyez-vous arriver de toutes parts des négrillons armés de branches de bache et de réchauds chargés de combustible, qui se consumera sans flamme; et dussiez-vous être suffoqué par la fumée, croyez-moi, ce supplice est préférable à celui de servir de pâture aux maringouins, macs et moustiques, dont le souvenir seul est encore une douleur.

Dans les situations où la nature fait quelques frais pour consolider le terrain ou l'élever au-dessus du niveau de la mer, les moyens et le but d'une habitation se montrent sans déguisement. La case du maître fait face au débarcadère. Cette case est avoisinée par la cuisine, la boulangerie, les manufactures et plusieurs autres servitudes qui figurent une sorte de cour. Près de là, mais sous le vent de la maison principale, on voit le village des nègres, composé de carbets bâtis en lattes et en terre grasse, couverts de feuilles de bananier, et munis de portes et de volets qui ferment soigneusement; c'est là que l'esclave peut se dire chez lui quand sa tâche est faite. Jamais le maître, si sévère qu'il soit, n'entre dans ce mystérieux refuge. On n'entend s'échapper de ce toit ni paroles élevées, ni chants joyeux; le soir, après le travail, toutes les portes se ferment comme si l'heure du sommeil était venue; mais comme on sait que les nègres veillent une grande partie des nuits, ce silence a vraiment quelque chose de lugubre. Parfois, cependant, des esclaves animés par la colère arrivent devant le maître, s'accusent réciproquement et demandent justice. Leurs plaintes révèlent une longue haine, fondée sur quelque motif de jalousie; des menaces terribles percent à travers leur récit; il faut que la décision du maître rétablisse le calme. Que le juge se laisse tromper dans l'impression qu'il reçoit, l'esclave injustement puni saura bien se venger plus tard sur son camarade; aussi, de crainte d'erreur, le châtiment est souvent appliqué à l'un et l'autre appelant. Les commandeurs sont des nègres d'élite chargés de surveiller l'atelier, et de punir les délits des nègres. Leur jurisprudence est illimitée, et, pour les cas graves, ils doivent attendre les ordres du maître. Le témoignage du commandeur est d'un grand poids dans les contestations des esclaves entre eux. Toute l'existence de ces pauvres gens serait troublée s'ils pouvaient craindre l'inspection immédiate des blancs dans leurs cases. Ils aiment à se cacher des regards du maître dans les améliorations qu'ils apportent à leur sort. S'ils achètent un meuble ou s'ils parviennent à le faire, l'industrie employée à ce résultat ne doit point être soumise à des explications embarrassantes ou dangereuses : se priver de tout leur serait moins pénible que d'avoir à répondre de la source d'un peu d'aisance apparente.

A Cayenne, la terre n'est pas rare; aussi préfère-t-on généralement en distribue des portions par familles, à prendre le soin de nourrir les esclaves.

Une case plus grande que celle des nègres, mais bâtie sur le même modèle, sert d'hopital. Chaque habitation a le sien. On choisit dans l'atelier une femme intelligente; elle reçoit le titre de chirurgienne, et demeure chargée du soin des accouchements, des fièvres et des plaies. Guidées par un instinct assez rapproché de l'état de nature, ces femmes emploient avec succès les herbes du pays, et les accidents sont peu fréquents entre leurs mains. Des pratiques superstitieuses, l'apparence de profonds mystères, accompagnent habituellement leurs moindres ordonnances.

Chaque matin on fait l'appel et la prière sur l'habitation. Les tâches sont distribuées à l'atelier en présence du maître ou du régisseur qui le remplace. En considération de leur état, les femmes enceintes, les nourrices, leurs enfants attachés sur le dos, travaillent autour de la maison, et ne sont assujetties qu'à faire une demi-tâche. Après le coucher du soleil, les journées se terminent encore par l'appel et la prière. C'est l'heure où les fautes commises pendant le travail sont punies. De la table du maître, les convives peuvent apprécier le degré de sévérité employé dans la conduite des nègres. Mais nul blanc, fût-il nouvellement débarqué dans la colonie, ne songerait à témoigner quelque désapprobation au bruit du fouet; des figures noires observent dans une muette impassibilité les mouvements de chaque physionomie; le moindre signe de pitié serait une trahison envers l'hôte hospitalier.

« *Tout maître, ça maître* (1), » dit un proverbe des esclaves; partant de là, ils ne s'attachent qu'à la terre qu'ils cultivent pour eux, à la case qu'ils appellent la leur; aussi, est-ce uniquement par le développement de ces intérêts, qu'ils sont suscep-

(1) Tout maître est un maître.

tibles de comprendre la nécessité de l'ordre dans l'organisation de la société. Leur affection pour le sol inspire aux esclaves une grande frayeur de la vente ou de la division de la propriété à laquelle ils appartiennent. Les acquéreurs ou les héritiers ont naturellement le droit de séparer les familles, un mari, sa femme et leurs enfants, au-dessous de quinze ans exceptés, et peuvent également, après le partage fait, transporter les nègres sur d'autres terres. Il n'est sorte de ruse que ces derniers n'emploient pour éviter ce malheur. Chacun se donne volontairement l'apparence la plus chétive, l'air le plus inepte, afin de ne pas tenter les acheteurs ou d'être jugé incapable d'aucun travail exigeant de sa part un peu d'intelligence. Il n'est pas rare de voir des nègres empoisonner leurs camarades, et choisir pour victimes les sujets qui ont le plus de valeur numérique, cela dans la seule intention de détruire la fortune de leurs maîtres. Les affections de famille ne dépassent pas les premiers degrés de parenté parmi les esclaves, qui s'aiment généralement peu les uns les autres. On est tout étonné de la facilité avec laquelle les négresses, bonnes mères en apparence, se consolent de la perte de leurs enfants. Rien n'élève en elles le sentiment maternel au-dessus de l'instinct animal; l'esclave n'est point appelée à fonder un avenir pour son fils, et s'il vient à mourir, le maître a plus perdu que la mère.

Le lieu où est bâti Cayenne, autrefois habité

par les indigènes, conserve encore pour eux le nom de Muccumbro. Après avoir cédé leur résidence principale, ils sont allés s'établir à trente lieues environ de la concession livrée, sans que la violence ait eu part cette fois à la conquête européenne. Les cultures s'étendirent peu à peu jusqu'à eux; ils ne se sont pas éloignés davantage. Des familles indiennes viennent souvent à la ville et sur les habitations. On leur laisse un libre accès sous les galeries extérieures des maisons des blancs; l'eau du puits est également à leur disposition. Si le maître vient à passer, il salue ses hôtes du nom de *Banaré*, qui veut dire ami dans leur langue, et les laisse paisiblement traiter leurs affaires commerciales dans l'espace qu'ils ont choisi pour établir la vente de leurs marchandises. L'étalage n'en est pas somptueux : il consiste en troncs d'arbres sciés et creusés qui servent de fond aux canots du pays, en hamacs tressés avec des cordes de palmier, et en poteries grossières dont la terre donne à l'eau une agréable fraîcheur. Les objets de luxe sont : le ouabé, bois noir, dur et brillant, qu'ils taillent en perles très-fines et allongées pour faire des colliers; des plumes d'aigrettes et de flammans, des paniers d'arouma (1), et du coton filé par les Indiennes avec une adresse merveilleuse. Ils demandent en échange des tissus de Guinée pour se vêtir et le tafia dont ils se montrent insatiables. Lorsqu'à leur tour les blancs vont visiter

---

(1) Osier du pays.

les Indiens, ceux-ci poussent souvent l'interprétation de l'hospitalité jusqu'à livrer leur case aux voyageurs. Ce procédé n'est l'effet d'aucun mécontentement; au contraire, ils veillent de loin sur les besoins de leurs hôtes et les approvisionnent d'eau de source et de poisson que les blancs se procureraient difficilement sans le secours des habitants des forêts. Ces diverses communications ont lieu sans rien changer aux mœurs des Indiens, qui affectent toujours la plus grande impassibilité à la vue des prodiges de l'industrie, et se refusent à toute invention étrangère à leur usage.

Plus apte à s'instruire, le nègre, rusé, mais crédule, veut connaître la raison de tout ce qui étonne son intelligence; imitateur par nature, il emprunte aux usages des blancs les améliorations qu'il introduit dans son genre de vie, et exprime sans réserve son admiration pour ce qu'il ne comprend pas. *Bon Dié oune so poucé passé blanc* (1), s'écrie un nègre quand sa raison n'atteint pas jusqu'à l'explication des prodiges d'un bateau à vapeur, d'un alambic, ou de toute autre machine obéissant à l'impulsion d'un mouvement donné, et renfermant dans son sein des forces agissantes. Puis une réflexion malicieuse vient se placer sur les lèvres de l'esclave : *Li bon, li bon*, dit-il; *si blanc ça continué, bon temps ça veni pour nous. Nous voi caba, machine ça fait so suque, machine ça conduit sos navis; nous ça attende encore moceau; nous voi veni*

---

(1) Lieu seul peut surpasser les blancs.

ouaute machine qui ca travaille la tei pour yeix (1).

L'imagination exagératrice de nos romanciers modernes a transformé les esclaves en héros de drame. Il fallait peut-être employer des forces moins énergiques pour battre en brèche des ruines qui s'écroulent sous leur propre poids. Plus calme dans mes impressions, je cherche surtout à être vraie en jugeant d'après mes souvenirs la situation des colonies. Arrivée à Cayenne, armée de toutes les préventions européennes contre l'esclavage, deux années de séjour parmi les créoles ne m'ont pas convertie à la traite; mais elles ont modifié la nature de mes vœux en faveur des nègres. Je n'ai trouvé ceux-ci ni aussi à plaindre, ni aussi pénétrés de l'humiliation de leur sort que je me l'étais figuré. La Guyane, par son régime et son organisation sociale, est moins exposée que les Antilles à des réactions violentes : les gens de couleur libres sont dépourvus d'influence dans le pays. Restés pour la plupart dans la classe ouvrière, ils ne se rencontrent pas avec les blancs sur les limites extrêmes du préjugé de la couleur, continuel sujet d'excitation entre les deux partis aux Antilles, où la fortune et l'éducation sont égales entre les blancs et les mulâtres. La suprématie de deux mille blancs, au plus, sur une popu-

(1) C'est bon, c'est bon ! si les blancs continuent le bon temps va venir pour nous. Nous voyons déjà des machines faire leur sucre, des machines conduire leurs navires ; attendons encore un peu, et nous verrons venir une autre machine qui travaillera la terre pour eux.

lation de quinze à dix-huit mille individus de couleur, tant libres qu'esclaves, paraît difficile à concevoir à la simple comparaison du chiffre; mais en fait, grâce à l'étendue du terrain, à la dissémination des propriétés, aux difficultés des communications; grâce surtout à l'exercice généralement assez modéré des droits des maîtres sur leurs esclaves, l'exemple des autres colonies pourrait seul provoquer des troubles sérieux à Cayenne.

Les peuplades de la côte d'Afrique, en état permanent de guerre, tuent leurs prisonniers lorsqu'ils n'ont pas l'espoir de les vendre; et, une fois soumis au régime de l'habitation, les sauvages conviennent eux-mêmes que leur sort devient préférable à celui qu'ils avaient dans leur pays. Ainsi, non-seulement on les a soustraits par le trafic à une mort cruelle, mais encore ils s'estiment plus heureux en esclavage qu'ils ne l'étaient dans l'existence pleine d'incertitudes et d'alarmes des peuplades de la côte de Guinée. A ces faits, on peut cependant répondre, sans franchir le cercle d'un raisonnement commercial, que des abus sans nombre naissaient des échanges établis. Les prisonniers n'étaient pas seuls exposés à être vendus; mais des nègres, encouragés par l'espoir du gain, s'organisaient en bandes pour enlever des hommes et des femmes qu'ils surprenaient isolés, et les conduisaient aux bazars établis dans les ports. Enfin des enfants livrés par leurs mères acquittaient un marché fait, si elles ne pouvaient, à l'époque fixée pour le paiement, remplir d'une autre manière les obligations contractées. Les chances de l'esclavage n'atteignent que les peuplades barbares. Cependant j'ai vu un Musulman amené dans la colonie par un hasard assez étrange qu'il se plaît souvent lui-même à raconter. Cette histoire perd une grande partie de son intérêt, non-seulement en passant par une traduction, mais privée encore de l'animation du geste et du regard de l'ex-marabout foulah. Sa taille élevée, sa démarche ferme, ses traits intelligents, le distinguent de la foule des nègres dès le premier abord; mais s'il vient à être interrogé sur son pays, il quitte à l'instant son attitude soumise, ses yeux s'animent, son front s'empreint de dignité. Il commence les premiers mots debout; puis il prend de la craie ou du charbon, s'assied à terre à la façon des Turcs, trace sur le plancher les objets qu'il veut décrire et les caractères arabes qui désignent son nom et ce qu'il était dans son pays. Narrateur habile, il vous prépare à la catastrophe en rehaussant pompeusement et décrivant avec un soin minutieux les prérogatives attachées au rang qui était le sien en Afrique. Bien loin de fraterniser avec ses compagnons d'infortune, il les considère comme très-heureux d'appartenir aux blancs, ayant eu, lui, leurs pareils à son propre service. Et s'il entend parler de quelque nègre vantant son origine ou se prétendant un personnage de quelque importance en Afrique, l'ex-marabout le fait comparaître devant lui, l'interroge, le dédain sur les lèvres, et renvoie l'esclave confus se perdre de nouveau dans la foule de ses camarades. — Apollon, lui demandai-je un jour, pour le mettre en humeur de me conter ses aventures, comment êtes-vous tombé dans les pièges des marchands, et avez-vous été conduit par eux à la côte ?

La question était heureusement posée pour exciter la verve du nègre, et jamais peut-être sourire plus ironique, expression plus vaniteuse n'avait animé sa figure qu'en ce moment.

— Les marchands, maîtresse ! (Le titre était de pure courtoisie ; Apollon avait appartenu à un seul maître qui l'affranchit en mourant.) Vous croyez donc, reprit-il, que ces gens-là auraient osé s'attaquer à moi ? Et d'ailleurs, est-ce que je marchais sans escorte ?

Comme il venait d'inscrire sur une planche noire un compte de tafia, Apollon tenait encore dans ses mains la craie, instrument aussi nécessaire à son récit qu'à son commerce ; et, prenant sa posture favorite, il cessa de parler, fit autour de lui un cercle de figures qu'on aurait prises pour des signes cabalistiques, non-seulement par leurs formes bizarres, mais à voir surtout les yeux brillants et le front gonflé de veines du nègre qui les traçait. Ses préparatifs achevés, Apollon releva la tête. — Ici, me dit-il, en m'indiquant de la main, dans un trait assez net, une case élevée, précédée d'une avenue sinueuse et entourée d'autres cabanes de chétive apparence, ici était ma demeure. J'avais quatre femmes et de nombreux esclaves. Ma maison était construite de telle sorte, que jamais une de mes femmes ne savait quand je rendais visite à l'autre : toutes m'obéissaient au moindre signe et tremblaient de crainte en ma présence. Mais comment en aurait-il été autrement, puisque des tribus entières m'honoraient et me respectaient aussi? Pour n'être pas importuné dans mon intérieur, je n'avais qu'à poser mes pantoufles sur le seuil de ma porte, et nul n'était assez hardi pour entrer malgré cet obstacle : j'étais marabout! Ce rang, dans mon pays, ne peut pas être comparé à celui des prêtres de France que vous avez ici ; mon importance était bien autre que la leur! Et, d'un air découragé, le nègre reprenait : — Je chercherais inutilement à vous en donner une juste idée.

— Vous êtes-vous fait baptiser dans notre église? ajoutai-je encore.

— Mon Dieu! est-il donc un autre Dieu que le vôtre? reprit le marabout. N'adorez-vous plus le maître d'Abraham, d'Isaac et d'Ismaël? Vous le voyez, me dit-il, triomphant de la surprise que révélait ma figure en entendant ces noms, inscrits dans les plus antiques traditions, sortir de la bouche d'un Africain, ce n'est pas à moi qu'on peut en apprendre. Quand on a commencé à vouloir m'instruire, dit le marabout, j'ai compris tout de suite l'erreur de vos prêtres, et je leur ai prouvé à mon tour que je savais plus de prières qu'eux tous. D'un soleil couchant à l'autre soleil couchant, j'en pourrais réciter sans rester court, et je recommencerais encore le lendemain. Il n'est nulle parole dite dans ma langue que ma main ne sache retracer à volonté. Quand je prêchais dans mon église, ma voix s'élevait aussi haut que la voix d'un prêtre chrétien. Quelle différence y a-t-il entre mes instructions et les leurs? aucune. Je répétais, comme eux, aux gens de ma tribu, qu'il fallait obéir à ses maîtres et s'aimer les uns les autres, puisqu'ils étaient les enfants du même Dieu.

Pour me rendre à l'église, je ne sortais pas à pied; mon cheval, tenu par des esclaves, m'attendait encore à la porte. Si mes courses étaient plus longues, je prenais un chameau; jamais mes pieds ne posaient par terre. Renommé par mon savoir, j'enseignais l'arabe, et les premiers du pays m'avaient confié leurs enfants. Mon école grossissait mon escorte, lorsque j'allais rendre visite à quelque marabout pour lui proposer une question savante, ou dans le dessein de résoudre à mon tour la difficulté émise par lui dans une visite précédente. Ces sortes de combats, je puis le dire, laissaient souvent l'avantage de mon côté.

Enfin, et ce fut un jour de malheur dans ma vie, un des enfants qui m'étaient confiés s'égara durant un de ces voyages. Il fut enlevé par les misérables marchands de nègres. J'appris qu'on l'emmenait vers la mer, où des navires étaient arrivés pour faire la traite. Je pars aussitôt; après une course de plusieurs jours, j'atteignis la côte un soir avec toute ma suite. Le navire était prêt à partir. Prévenus en ma faveur, par la considération qu'on me témoignait, les officiers du bord envoyèrent un canot pour me chercher. Je prends avec moi un interprète qui rend compte au capitaine anglais du motif de ma visite. Celui-ci convint à l'instant même que mon élève me serait rendu. Les officiers, cependant, crurent devoir m'offrir de passer la nuit à bord. Éloigné de toute demeure habitable, je me vis forcé d'accepter. C'était consentir à ma perte; mais nul ne pouvait le prévoir. Le lendemain, au point du jour, un autre navire paraît et déploie une voile ennemie; le combat s'engage, la victoire reste au dernier venu. L'Anglais est capturé avec sa cargaison. Nous étions tombés au pouvoir des Français, qui me conduisirent à Cayenne. Il m'a été impossible de leur faire entendre raison au moment du départ. Confondu parmi les autres esclaves, malgré le respect que ceux-ci me conservaient, je cherchais encore à rendre quelque courage aux nègres qui croyaient aller à la mort. J'avais bien compris, moi, que les blancs voulaient seulement nous faire travailler. J'espérais qu'en arrivant je rencontrerais des gens qui me reconnaitraient, n'ayant pas l'idée d'une terre si éloignée de la nôtre que l'est celle où nous avons abordé. — Le roi du pays, me disais-je, ne voudra pas retenir un grand-prêtre captif. Je prenais donc patience. Mais personne ici ne sait l'arabe, et je n'ai pu me faire comprendre qu'après avoir étudié moi-même la langue créole. Déjà je n'espérais plus être renvoyé chez moi. Les blancs sont trop au-dessus des nègres pour s'inquiéter du sort d'un pauvre marabout, grand seulement parmi les siens. Le gouverneur m'a acheté, j'ai été traité par lui avec bonté, il m'a fait commandeur de son atelier, et chaque nègre a bien rempli sa tâche journalière sous mes ordres. Pour prix de mes services, il m'a rendu libre à sa mort; et maintenant que je puis mettre mon nom sur la porte de mon cabinet, je ne désire plus rien (1).

— Quoi! pas même de retourner en Afrique?
— Qu'y ferais-je? Mes femmes sont vieilles; elles appartiennent à d'autres. Mes élèves sont des hommes. Ma tribu a nommé un grand-prêtre qui me remplace. Ici j'ai une femme et des enfants; je suis libre; eux ne le sont pas encore.

Et le nègre ne disait que trop vrai. L'ami le plus amèrement regretté éprouverait de cruelles déceptions, s'il renaissait au monde lorsque des années écoulées auraient séché les larmes répandues pour lui, sanctionné des partages faits à sa mort, créé de

---

(1) La loi des colonies exigeait tout récemment encore que l'on payât au Gouvernement la valeur du nègre dont on souhaitait l'affranchissement. Arrêtés par cette formalité, les colons donnaient alors sur parole aux nègres qu'ils voulaient récompenser, *la liberté de leur corps* ou *liberté de savane*; mais tant que l'acte définitif n'était pas passé, le nègre restait porté sur le recensement des esclaves et ne pouvait rien posséder à lui en propre, ni se livrer à aucun trafic sous son nom. Maintenant l'affranchissement s'opère sans obstacle.

nouvelles affections dans les cœurs liés au sien par des serments mutuels; le souvenir s'efface comme le pli de la vague mourante disparaît sous le gonflement d'une autre vague!

Je continuai longtemps mes questions sur les croyances des Musulmans d'Afrique. Apollon me raconta l'histoire d'Agar, et me dit que les nègres étaient, selon la promesse divine, les nombreux descendants d'Ismaël envoyé dans le désert par son père Abraham. Apollon connaissait Tembouctou, et se plaisait à en exalter les prétendues merveilles, dont le voyage de M. Caillié nous a quelque peu désenchantés.

D'autres aventures recueillies dans la classe ordinairement destinée aux recrutements de l'esclavage ne m'ont pas inspiré un moindre intérêt, et peignent encore mieux que l'histoire d'Apollon la cruelle influence de la traite sur le sort des peuplades sauvages.

Un nègre marchand, tombé à son tour dans les piéges de ses confrères, venait d'être vendu à Cayenne; le sort, qui le poursuivait, l'adressa encore, pour compléter son malheur, sur une habitation qui se trouvait en partie peuplée d'esclaves vendus par lui. Des acclamations bruyantes, des rires de triomphe, l'accueillirent de toutes parts.

— Le bon Dieu est juste; c'est là ce que je lui demandais chaque jour! dit avec l'accent d'une haine calme, mais profonde, une négresse jeune encore, arrivée dans la colonie quelques années avant le marchand. On savait déjà l'histoire de cette femme : les esclaves reviennent souvent entre eux sur les souvenirs de leur pays. Siga habitait en Afrique un endroit isolé ; là, elle et son mari cultivaient du riz, récoltaient du beurre végétal, fruit d'un arbre du pays, et les échanges qu'ils faisaient de l'excédant de ces provisions suffisaient à leurs besoins modestes. Sans la crainte permanente des nègres marchands, leur vie aurait été parfaitement heureuse ; mais le moindre bruit les troublait, et chaque course faite au-dehors causait les plus vives alarmes à celui qui restait dans l'attente d'un retour incertain. Pour prévenir le danger d'être surpris dans leur demeure, ils avaient caché leur case au milieu de l'endroit le plus épais d'un bois peu fréquenté. Le toit, dissimulé entre les branches, et recouvert chaque jour de feuilles fraîches, n'avait même pas l'élévation nécessaire pour qu'on pût se tenir debout sous son abri. Des arbrisseaux rapprochés au-devant de la porte la couvraient si adroitement, que nul ne pouvait deviner qu'il y eût là une cabane. Siga et son mari avaient bien plus songé à se prémunir contre la peur qu'à s'assurer quelque aisance sous d'autres rapports. Une absence prolongée bien au-delà du terme ordinaire fit un jour soupçonner à la pauvre négresse que son mari avait été pris. Poussée par ses inquiétudes, Siga se hasarde à sortir ; elle va prendre au loin des informations qui la confirment dans ses craintes. Les marchands ont en effet traversé le pays; et Siga dut retourner seule dans sa case, désormais plus exposée qu'auparavant au danger d'être surprise, et livrée à d'amers regrets sur la perte qu'elle a faite. Sa profonde mélancolie s'augmentait encore en songeant qu'elle allait être mère. Comment pourrait-elle à la fois soigner son enfant et pourvoir à sa propre nourriture? Mais à l'épreuve, la tendresse maternelle lui rendit bientôt le courage. Aimant son enfant comme son unique bien, elle travailla pour lui en le quittant le moins possible. Cependant, il fallait encore de temps à autre aller vendre sa récolte et acheter les objets qu'elle ne pouvait pas se procurer autour de sa case. Avant de s'éloigner, que de précautions sa sollicitude lui dictait pour cacher l'entrée de sa cabane! Pendant plusieurs mois, Siga sortit et revint sans faire de fâcheuses rencontres. La confiance reparut et la rendit tout à fait heureuse. Les nègres oublient vite les pertes irréparables; une affection nouvelle envahit bientôt la place de l'affection brisée. Siga ne songeait plus qu'à son petit enfant.

Jamais elle ne rentrait, après ses courtes excursions, sans rapporter à son fils des fruits et des graines aux couleurs vives pour lui faire des colliers. Les battements de son cœur avertissaient la mère des approches de sa cabane, avant que ses yeux pussent la découvrir. Bientôt elle se rassurait en pensant aux précautions prises, et entrée dans le bois qu'elle s'était accoutumée à regarder comme un asile sûr, Siga se mettait à chanter à voix basse l'air qui endormait son enfant. Une fois, ce chant à peine commencé fut rudement interrompu; des liens arrêtent les bras étendus de la pauvre mère; les marchands l'entourent et la forcent à reprendre le chemin qu'elle vient de suivre. En vain, d'une voix suppliante, elle demande à retourner vers son enfant pour l'emporter captif avec elle. Sa case est à deux pas de là, elle l'indique aux marchands qui ne veulent pas le croire, n'en découvrant aucun indice. Ils craignent que la jeune femme ne leur tende un piége pour être à portée d'appeler du secours en s'avançant jusqu'à l'endroit désigné, et ils n'en précipitent que davantage leur course. Siga maudissait alors sa prudence, et, tout en obéissant à ses ravisseurs, elle se retraçait les souffrances de son fils et la lente agonie qu'il allait avoir, personne n'étant dans le secret du lieu de sa retraite. Au milieu de ses larmes, de ses angoisses, Siga appelait convulsivement l'enfant qu'elle ne devait plus revoir; ses prières recommençaient sans cesse et n'obtenaient pour réponse que de barbares traitements; une course non interrompue la rapprochait toujours davantage de la mer, terme inévitable du voyage. Elle fut vendue et mise sur un navire qui la conduisit à Cayenne.

L'homme qui arrivait, à quelques années de là, sur l'habitation où était cette négresse, lui avait montré, comme chef de la bande, une plus cruelle inflexibilité que ses camarades. Rien n'égalait le désespoir du marchand, d'être esclave parmi ceux qu'il avait vendus. Il adressait à son nouveau maître des prières inutiles, promettait cinquante nègres pour sa rançon s'il était reporté en Afrique : offres et supplications ne purent rien changer à sa destinée.

Une insatiable curiosité me portait à interroger les nègres de tout âge sur les souvenirs de leur pays et les causes de leur esclavage. — Ma pauvre maman, me dit un jeune esclave, a été obligée de me vendre. — En prononçant ces mots, l'enfant semblait compatir à la douleur de cette mère, dont il gardait un tendre souvenir. Il sentait qu'elle s'était soumise à une triste nécessité. — Nous avions faim, continua-t-il, les vivres étaient rares, maman emprunta un sac de riz qu'elle devait rendre à la récolte, ou bien donner en paiement l'aîné de ses fils : la récolte a été mauvaise, le marchand est venu me prendre, et j'ai été vendu.

— Oh! moi, reprit d'un air de fierté un de ses camarades qui l'avait écouté en souriant, ce n'est point comme cela que l'on m'a emmené. Maman était riche. Nous avions un bon souper tous les soirs, et, pendant qu'elle travaillait au-dehors, j'avais soin de faire bouillir le riz et le poisson dont nous ne manquions pas. Mais un soir que j'avais oublié de *taquer* la porte, pendant que je remuais mon riz avec une grande cuillère de bois, des nègres sont entrés tout doucement, ils ont sauté sur moi, m'ont fourré dans un grand sac et chargé sur leur dos. Je suis allé ainsi jusqu'à la mer sans reconnaître mon chemin. On me laissait mettre la tête dehors le soir seulement, et nous avons voyagé pendant deux soleils avant d'arriver au marché des esclaves. Le petit nègre mettait une si incroyable gaîté, une malice si comique dans ses gestes, en racontant son aventure, qu'il n'y avait pas moyen de s'affliger sur son sort en le voyant si facilement résigné à sa nouvelle condition.

Il est bien sûr que le temps qui s'écoulera entre la fin de la traite et le commencement d'une civilisation en Afrique sera rempli par des scènes de carnage dont la seule idée fait frémir. Les navires de la traite étaient jusqu'ici attendus avec la plus grande anxiété par les princes de Guinée, et leurs dieux sont souvent implorés pour hâter le moment si impatiemment souhaité. Les prêtres emploient la ruse, afin de ne pas compromettre le crédit de leurs idoles. Des émissaires, placés sur les côtes, les avertissent par des signaux avant que les navires soient en vue des lieux habités. Aussitôt les sacrifices, toujours retardés sous divers prétextes, sont annoncés avec tumulte. De pauvres enfants périssent sous le couteau des prêtres; la divinité agrée ce révoltant hommage, et ses promesses à peine transmises, une voile se montre à l'horizon, et remplit de joie les princes et les marchands qui récompensent généreusement l'intervention miraculeuse. Si l'encombrement des prisonniers s'aumente et que les prêtres se refusent à présenter les offrandes aux dieux, les rois donnent alors des fêtes pour calmer l'impatience de leurs sujets. On amène un certain nombre d'esclaves sur le bord d'une petite rivière, l'espace est étroit à franchir, un enfant ne s'en effraierait pas. Cependant la liberté est promise à tout esclave qui atteindra l'autre bord. L'eau est calme, les deux rivages faciles à gravir; pourquoi donc les nègres semblent-ils s'armer du courage qu'ils appellent à leur secours, lorsqu'en présence de leurs vainqueurs ils défient les tortures d'arracher une larme à leurs yeux, un cri à leurs lèvres souriantes? Cette énigme ne tarde pas à s'expliquer. A peine chaque homme a-t-il touché l'eau, qu'un pouvoir invisible le fait disparaître et marque la place où il s'est enseveli par une tache de sang. Peu à peu la rivière prend la même teinte partout; les cris joyeux de la multitude se font encore entendre alors que la lutte n'est plus apparente à la surface de l'eau uniformément pourprée. Les requins ont accepté le tribut qui leur a été offert. C'est déjà un présage de vente; les prêtres ne tarderont sans doute pas à se laisser fléchir à leur tour.

Les Anglais ont proclamé l'affranchissement des nègres dans leurs colonies; des essais philanthropiques ont précédé cette décision. Libéria, fondée par les États-Unis, témoigne également de la bonne volonté des républicains du nord en faveur des esclaves. En France, on hésite encore, on cherche par quels moyens arriver sans secousse, sans danger pour les deux partis, à la réhabilitation de la malheureuse race. Mais ce n'est pas assez de l'industrie et de la protection morale pour une telle œuvre. La religion doit être la base principale de l'instruction des nègres. Il faut que les enseignements des missionnaires catholiques viennent les arracher définitivement à leurs superstitions et à leurs vices.

AFRIQUE.

(Analyse du voyage de Caillié.)

Comme la plupart des hommes dont l'existence fut marquée par une carrière aventureuse, Caillié eut une origine obscure. Il naquit en 1800 à Mauzé, dans le département des Deux-Sèvres, de parents pauvres qu'il perdit dans son enfance. Son éducation se borna aux enseignements de l'école gratuite. Bientôt on lui apprit un métier : aucune circonstance ostansible n'annonçait qu'il dût se soustraire à l'humble avenir qui lui était tracé. Mais son imagination vive, alimentée par la lecture des Voyages, lui faisait déjà pressentir une vie bien différente de celle que lui préparait son état social. Des livres de géographie et des cartes lui furent prêtés ; et en lisant l'histoire de Robinson, en parcourant la carte de l'Afrique, qui se présentait avec ses grands déserts et ses contrées inconnues comme une riche conquête pour le voyageur courageux et patient, le jeune Caillié se dégoûtait peu à peu de ses occupations journalières. Toutes ses idées se concentraient vers le désir de parcourir des pays nouveaux, de satisfaire la curiosité qui le dévorait. Le dimanche, au lieu de partager les amusements de ses camarades, il se renfermait pour lire ses ouvrages de prédilection, et il priait instamment son oncle, qui cherchait à combattre ses projets peu sages, de le laisser partir pour le Sénégal, d'où il voulait pénétrer dans l'intérieur du continent.

Quand un homme pauvre, peu éclairé, privé des moyens de développer ses facultés, assure cependant qu'il sent en lui l'impulsion d'une mission à remplir, sa foi en lui-même doit inspirer la confiance. Il faut penser que l'idée qui le domine ne sera pas abandonnée, malgré les obstacles qui l'entraveront, que cette idée grandira au contraire, sortira plus forte de chaque épreuve, et arrivera enfin à un résultat digne de l'espérance première.

Placé dans cette situation, doué d'une de ces volontés persévérantes, Caillié ne se laissa pas décourager par une première difficulté; et bientôt son oncle finit par consentir à son départ. Avec soixante francs pour tout avoir, le voyageur se rendit en 1816 à Rochefort. Il s'embarqua sur la gabarre *la Loire,* qui allait au Sénégal, de conserve avec *la Méduse.*

A cette époque, le gouvernement anglais, qui sentait l'avantage que l'on retirerait pour le commerce en se créant des relations avec les royaumes de l'intérieur de l'Afrique, et pour les sciences en parcourant le pays, avait envoyé le major Peddie à la tête d'une expédition chargée d'accomplir ce projet. Des malheurs de toutes sortes empêchèrent ces voyageurs de réussir. Les principaux chefs, entre autres le major Peddie, moururent avant leur retour; et aucun résultat ne vint dédommager ceux qui survécurent des souffrances qu'ils avaient supportées.

Le gouvernement anglais ne se laissa pas décourager par ce voyage infructueux, et il confia aussitôt au major Gray la conduite d'une nouvelle expédition. Ce fut alors que Caillié, arrivé au Sénégal, chercha à exécuter son projet. Il voulut rejoindre le major, mais son tempérament ne put résister à la fatigue d'une marche à pied dans les déserts, sous un soleil brûlant : il se laissa persuader par ses amis et quitta le Sénégal. Cependant sa passion pour les voyages se ranima en lisant Mungo-Park; il retourna en Afrique après quelques mois d'absence. Le major Gray avait été arrêté dans le cours de son exploration par l'almamy (1) de Bondou, qui avait exigé le don de tant de marchandises, qu'on avait été obligé d'en-

---

(1) Nom que l'on donne à quelques souverains d'Afrique.

voyer au Sénégal un officier pour en racheter de nouvelles. Cet officier, M. Adrien Partarrieu, se disposait à repartir de Saint-Louis pour rejoindre le major, lorsque Caillié, décidé cette fois à partager les périls de l'expédition, vint lui offrir ses services. Il fut accepté comme volontaire; et sans vouloir prendre d'engagement, sans demander de rétribution, il se mit en marche avec la caravane. Elle se composait de soixante à soixante-dix hommes, tant blancs que noirs, et de trente-deux chameaux chargés de riches présents pour l'insatiable roi africain. Toute marche en Afrique entraîne des fatigues cruelles. Caillié souffrit plus que personne de la privation d'eau pendant le voyage; parfois on donnait aux voyageurs des pastilles de menthe, qui apaisaient leur soif et leur faisaient traverser avec plus de patience les longs déserts qui s'étendaient devant eux. L'arrivée dans un village était un moment de joie indicible; alors on voyait s'avancer vers la caravane des nègres chargés de calebasses pleines d'eau qu'ils faisaient quelquefois payer fort cher. Les voyageurs s'emparaient de ces vases avec avidité; mais souvent un ennemi cruel venait leur disputer cette eau tant désirée: des essaims d'abeilles se posaient sur leurs lèvres, sur les outres, et on ne parvenait à les éloigner que par la fumée d'un feu de bois vert. On arriva enfin dans le Bondou après un voyage pénible. M. Partarrieu désirait éviter Boulibané, résidence de l'almamy, et voulait pour cela gagner promptement Bakel; mais les

habitants s'y opposèrent. Il est triste de suivre ces luttes entre les Européens et les naturels du pays, de voir la supériorité de nos compatriotes se briser contre l'entêtement soupçonneux des nègres. On refuse l'eau et les vivres aux voyageurs à la moindre résistance de leur part; ils sont obligés de céder devant cette terrible menace, de changer leurs projets, de renoncer à la route qu'ils voulaient suivre, et de revenir appauvris et malades. Telle fut l'histoire du major Gray et de ceux qu'il commandait. On essaya de se rendre près de l'almamy; le major espérait l'apaiser par de nouveaux présents, et obtenir de prendre la route qu'il désirait; mais le roi de Bondou se montra inflexible. Caillié eut la curiosité d'aller voir ce souverain redoutable; voici le portrait qu'il en fait : « Je le trouvai
» étendu à terre, occupé à regarder un maçon nè-
» gre de notre expédition qu'il avait demandé pour
» se faire construire une poudrière en pierre, desti-
» née à renfermer les munitions de guerre qu'il
» avait reçues de nous en présent. L'almamy de
» Bondou, âgé de soixante-dix ans, avait des che-
» veux tout blancs, la barbe très-longue, et le vi-
» sage sillonné par les rides. Il était vêtu de deux
» pagnes (1) du pays, et couvert d'amulettes jus-
» qu'au bas des jambes. »

L'almamy imposa deux routes également dangereuses à l'expédition. Le major, indigné, voulut

---

(1) Bande de toile de coton du pays, de six pieds de long et deux et demi de large.

essayer de s'ouvrir un passage par la force, vers Bakel ; mais une armée nombreuse s'assemble à la voix du chef, et se prépare à l'arrêter. Obligé de céder, le major demande un palabre (pourparler). L'almamy donna pour dernières conditions : — Le Fouta-Toro, ou point d'eau. Le Fouta-Toro était une de ces routes qu'on aurait voulu éviter pour le retour. Ce pays est habité par un peuple fanatique et voleur, qui ne promet aucune sûreté aux voyageurs. Le départ s'exécuta en présence de l'almamy, qui accompagna les expéditeurs jusqu'à la première halte ; la garde en fut alors confiée à quelques princes de sa famille, suivis d'une nombreuse escorte de soldats. La nuit, le major Gray fit allumer un grand feu pour rendre la marche moins embarrassante. Chacun dut y jeter tout ce qu'il possédait, et ne garder que l'absolu nécessaire. Les Foulahs présents à ce sacrifice supplièrent en vain qu'on arrêtât cette œuvre de destruction ; mais personne n'était disposé à les enrichir de ses dépouilles, et tout fut consumé malgré leurs prières intéressées. Enfin, après des dangers sans cesse répétés, après avoir enduré des privations constantes, après avoir été séparée de son chef, fait prisonnier pendant quelque temps, l'expédition arriva au Sénégal.

Caillié, au retour, tomba malade, et fut obligé de revenir en France. En 1824, il put s'embarquer de nouveau pour le Sénégal. Alors il commença à mettre à exécution le plan hardi qui devait l'amener à la réussite glorieuse qu'il avait tant souhaitée. Les difficultés qu'avait éprouvées le major Gray, et d'autres avant lui, lui faisaient penser que la ruse pourrait seule l'aider à accomplir son voyage, et à en retirer quelque résultat. Il obtint du gouverneur du Sénégal, M. le baron Roger, quelques marchandises pour aller séjourner chez les Braknas, et apprendre parmi eux la langue arabe, ainsi que les pratiques de l'islamisme. Son dessein était de se faire passer pour un chrétien désirant se convertir au culte de Mahomet. Après s'être suffisamment instruit, il pensait pouvoir voyager plus aisément, et avec plus de fruit, dans l'intérieur de l'Afrique.

Caillié partit de Saint-Louis avec deux nègres, habitants de Saint-Pôl, qui devaient le conduire jusqu'à ce village. Une campagne fertile se déploya devant lui. Des champs de coton bien cultivés ou des plantations de mil avoisinaient les villages qu'il rencontrait. La riche végétation du pays, sur cette route, enchantait ses regards. « On » voit, dit-il, des mimosas dont les rameaux vi- » goureux soutiennent les tiges grêles et flexibles » des asclépias, et de différentes espèces de cynan- » chum, qui, après avoir atteint leur sommet, re- » tombent en s'entrelaçant en guirlandes, et, par » la diversité de leurs fleurs, sont d'un effet admi- » rable. Souvent elles se rencontrent avec d'autres » plantes ; ces tiges s'embrassent, s'unissent étroi- » tement par les replis tortueux de leurs nombreux

» rameaux, et forment une voûte aérienne à tra-
» vers laquelle l'œil plonge pour apercevoir dans
» le lointain d'autres groupes quelquefois bizarres, mais toujours merveilleux. La plaine est cou-
» verte d'un tapis de verdure dont l'uniformité est
» rompue par de nombreux arbrisseaux, tous diffé-
» remment décorés par les plantes grimpantes qui
» croissent autour de leur tronc. Ces plaines char-
» mantes sont coupées de marécages dans lesquels
» croissent une infinité de plantes aquatiques. »
Caillié, arrivé à Saint-Pôl, visita les environs de ce village, le plus riche de ceux qui avoisinent Saint-Louis. Les terres en sont fertiles. Les habitants vont vendre le superflu de leur récolte à Saint-Louis; ils achètent dans cette ville des armes, de l'ambre, du corail et des verroteries. La population de Saint-Pôl est d'environ deux mille habitants, tous marabouts (1). Un marabout est le chef de ce petit état indépendant; à sa mort son fils aîné, ou, à son défaut, le plus proche parent, lui succède. « Ce prince perçoit les impôts sur le mil,
» qui lui sont payés en nature lors de la récolte, et
» qui consistent dans la dixième partie. Moins pa-
» resseux, moins insolents et moins perfides que les
» nègres des autres contrées, les habitants de
» Saint-Pôl exercent l'hospitalité sans ostentation,
» et toujours d'une manière généreuse qui en
» rehausse le prix. Dans toute cette contrée les

(1) Les Marabouts sont les prêtres; ils ne vont pas ordinairement à la guerre.

» cases sont petites, mal faites et extrêmement
» sales; la porte en est si basse, que l'on ne peut y
» entrer qu'en rampant; les rues sont très-étroites,
» tortueuses et malpropres. Les hommes et les fem-
» mes se mettent beaucoup de beurre sur la tête. »

Les femmes de ce pays s'occupent des soins du ménage pendant que les hommes travaillent tous aux champs. « Elles filent le coton, quelques-unes
» teignent des pagnes en bleu avec l'indigo, que
» le pays leur fournit presque sans culture. » Les pierres sont très-rares dans ce pays. Cela a servi de prétexte à une fable qui, en s'imprimant dans l'esprit superstitieux des nègres, peut servir à faire respecter l'enceinte de Saint-Pôl. On raconte qu'une pierre, la seule qui se trouve à un quart de mille du village, ne manque jamais de faire trois fois le tour du village lorsqu'un danger le menace. Et, comme elle fait son voyage charitable la veille de l'événement, les guerriers ont le temps de s'armer. En passant devant cette pierre vénérée, chaque habitant dépose un fil de sa pagne en signe d'offrande. Autrefois on célébrait une fête en son honneur; on apportait auprès du roc une quantité de calebasses remplies de couscous (1) bien préparé destinées au génie de la pierre; puis au signal des grands marabouts, tout le monde prenait la fuite, et si quelqu'un tombait pendant cette course précipitée, sa chute était regardée comme le présage de sa fin prochaine.

(1) Couscous, espèce de bouillie faite avec du mil.

Caillié continua son pénible voyage, et arriva enfin à Podor, village où réside Moctar-Bonbou, ministre de Hamet-Dou, roi des Braknas : des envoyés de ce prince étaient dans le village. Caillié fit marché avec eux pour aller trouver le camp de leur souverain. Le pays, le chemin qu'ils traversaient, étaient agréables. — Le terrain, entrecoupé de coteaux couverts de verdure, présentait, avec ses nombreuses vallées riches en végétation, un aspect du plus bel effet. On se figure généralement que les déserts de l'Afrique sont peuplés de bêtes féroces ; les bois qui entrecoupent le sol sont remplis de gibier ; les sangliers, les gazelles, y vivent en grand nombre ; mais les lions et les léopards ne se trouvent que près des lieux habités, dans les environs des lacs et des rivières, où ils attaquent les troupeaux, et très-rarement les hommes. La plus grande fatigue du trajet pour notre voyageur ne venait pas toujours de la marche ou du soleil, mais bien de la curiosité soupçonneuse, et quelquefois malveillante, qu'inspirait un Européen dans les divers villages maures que Caillié traversait. Dans un des camps qui précédaient celui du roi, les marabouts l'obligèrent, d'abord, à répéter la formule pieuse des musulmans : — « Il n'y a qu'un seul Dieu, et Mahomet est son prophète. » Les femmes et les enfants vinrent autour de lui pour satisfaire leur curiosité ; ils frappaient et tourmentaient de mille façons le pauvre voyageur, qui se trouvait sans défense parmi eux. A son départ il fut poursuivi par ses persécuteurs, qui répétaient : « Tahale-ichoufe el nosrani! » (Venez voir le chrétien.) Arrivé au camp de Mohammed-Sidy-Moctar, grand marabout du roi, Caillié fut reçu dans sa tente; la conversation, très-inquisitive de la part du dignitaire maure, eut lieu en ouolof (1). Un nègre qui parlait cette langue servit d'interprète au marabout. Caillié lui ayant dit qu'il comptait s'établir avec des troupeaux dans leur pays, aussitôt que son éducation serait achevée, Mohammed convint qu'il se chargerait des frais de son éducation. On apporta le soir au néophyte un grand plat de viande baignée dans du beurre fondu, mets de luxe parmi ces hommes. Le grand-marabout conduisit le voyageur au camp du roi. Après avoir pris un bain, il fut introduit dans la tente de Hamet-Dou. Le roi lui adressa, en le voyant, le salut arabe : « Salam aleïkoam »; puis il lui dit ces mots français, qu'il avait entendu prononcer aux Escales, marchés pour la vente des marchandises des Maures, « Comment vous portez-vous, monsieur? Bien; merci, monsieur. » Il fut satisfait des réponses de Caillié à ses questions. Le voyageur lui raconta, comme aux autres Maures, son prétendu désir de conversion; et le roi le congédia avec amitié, en lui disant : « Maloum Abdalli (c'est bien, abdalli). »

(1) Langue des habitants de Cayor, d'Ouâlo et de Ghiolor. Les Foulahs du Fouta-Toro, et les Serrères, leurs voisins, l'entendent, ainsi que les Maures qui voyagent dans ces contrées.

Caillié avait choisi ce nom, qui signifie esclave de Dieu, pour mieux répondre à la piété des Musulmans. Les Maures ne vivent que de lait pendant la saison des pluies : Caillié souffrit horriblement de la faim parmi eux. Cependant on lui donna, de temps à autre, quelques morceaux de viande. Le roi leva bientôt son camp : les préparatifs tumultueux du départ s'accomplirent promptement; les tentes furent repliées par les esclaves, les effets chargés sur des bœufs porteurs (1), et on amena devant les femmes des chameaux destinés à leur usage particulier. « Les selles des chameaux des
» femmes sont surmontées d'une espèce de panier
» ovale, assez grand pour que deux personnes puis-
» sent s'y asseoir, et garni d'un joli tapis. Afin que
» le voyage soit plus agréable aux dames mauresses,
» leur siége est surmonté d'un berceau, recouvert
» de belles étoffes, qui les préserve de l'ardeur du
» soleil. La selle de la reine était garnie d'écarlate
» et de drap jaune, avec une housse en drap de plu-
» sieurs couleurs, brodées en soie; la bride de sa
» monture était garnie de trois morceaux de cuivre
» qui s'élevaient en pyramides sur le nez de l'ani-
» mal. Toutes les princesses ont un chameau très-
» orné ; elles se placent sur leur selle, les jambes
» pliées comme celles d'un tailleur; elles ont une
» telle habitude de cette posture, qu'elles ne peu-

(1) Le bœuf porteur est une espèce particulière qui a une bosse sur le dos; on l'habitue de bonne heure à porter des fardeaux.

» vent rester assises autrement, même sur leur lit,
» où elles sont toute la journée. En route, elles
» font conduire leur chameau par un esclave. Les
» selles des hommes sont autrement faites que
» celles des femmes : c'est un siége élevé, beaucoup
» moins large, où se place un homme seul, les
» jambes allongées et croisées sur le cou de l'ani-
» mal. Lorsque plusieurs hommes montent le même
» chameau, un seul est sur la selle, les autres sont
» en croupe. » Pendant le voyage du camp maure,
Caillié éprouva une grande fatigue; obligé souvent
de marcher à pied, les épines s'enfonçaient en
grand nombre dans sa peau à travers sa chaussure ;
la nourriture qu'il prenait n'était pas suffisante
pour le soutenir : Fatmé-Cented-Moctar, tante du
roi, lui donnait ordinairement du sanglé (1); mais
lorsqu'il ne recevait que du lait pour ses repas, la
faim le tourmentait cruellement. Toutes sortes de
dangers attendent les voyageurs dans les déserts de
l'Afrique; des orages violents enlèvent les tentes,
et, parfois, renversent les hommes et les troupeaux :
telle est l'imprévoyance des Maures, qui n'ont
même pas la précaution de se munir de vêtements
pour changer ceux que la pluie a trempés. Caillié
vit une fois tous les hommes du camp et le roi lui-
même être réduits à faire sécher sur eux les habits
mouillés par un orage. Le voyageur européen courait de grands risques parmi ces musulmans fana-

(1) Sanglé : bouillie faite de farine, de mil ou d'autres graines.

tiques : ce n'était qu'au péril de sa vie qu'il pouvait prendre des notes, recueillir des graines, des fragments de roches, précieux trésors qu'il n'a pas pu conserver tous. Plus d'une fois, il ne parvint que difficilement à détourner les soupçons inquiets qu'avait fait naître la découverte d'une feuille de papier écrite de sa main en caractères européens, ou un paquet de plantes recueillies dans les montagnes. Cependant, ayant conseillé au roi malade de prendre une infusion de basilic, et le remède ayant réussi, on prit plus de confiance en lui; on le laissa errer autour du camp, sous le prétexte de chercher des plantes médicinales. Caillié obtint la permission de retourner au camp du grand marabout pour y faire son éducation religieuse. Dans le trajet qui y conduisait, il excita, comme à l'ordinaire, la curiosité générale : on l'interrogeait; on lui faisait réciter les prières musulmanes; les femmes le tourmentaient, les Hassanes le traitaient avec mépris, et accompagnaient chacune de leurs paroles d'un rire insultant, qui rendait la patience difficile au voyageur. Cependant, au milieu de toutes ces tribulations, il étudiait attentivement les mœurs de ses persécuteurs, et il se préparait à nous en rapporter une peinture vive et fidèle. Les marabouts ont ordinairement des camps séparés de ceux des Hassanes (1). Caillié ne vit que quatre

(1) Les Hassanes sont les guerriers; on les nomme encore Hazabis; ils sont fanatiques, paresseux et ignorants. Leur seule ambition, en fait d'études, consiste à savoir bien se battre et à monter adroitement à cheval.

prêtres dans celui de Hamet-Dou : l'un d'eux était chargé de l'éducation des enfants; les parents lui donnaient un bœuf ou une coussade lorsque l'instruction de leur fils ou de leur fille était complétée. On donne les leçons le matin avant le jour, et le soir, lorsque la nuit est venue. Les enfants vont ramasser du bois pour allumer un grand feu, autour duquel ils se promènent en répétant à haute voix des versets du Coran ; leur maître tient à la main une longue baguette qui lui sert à frapper les élèves inattentifs. Lorsqu'un enfant sait sa leçon, il la récite en faisant le tour du camp : des applaudissements nombreux ne manquent jamais de venir le récompenser de son application. L'éducation des filles est moins soignée que celle des garçons. Les marabouts sont les plus instruits parmi les Maures; ils croient savoir la Bible mieux que les chrétiens. Caillié les étonna en leur racontant quelques traits de la vie des patriarches; mais s'il leur parlait de l'histoire de Mahomet, l'admiration et la bienveillance des marabouts était à son comble.

La tente du roi est semblable à celle de tous les autres Maures. « Elle est faite en tissus de poil de
» mouton, et est garnie à chaque bout de huit cor-
» des en cuir, avec autant de piquets qui servent
» à la tendre. Un tapis fait dans le pays, en poil de
» mouton, entoure la tente intérieurement; quatre
» piquets sont plantés à l'un des bouts, et soutien-
» nent deux traverses où l'on passe une corde ou
» une courroie, en manière de filet, pour suspen-

» dre le bagage. Les harnais des chevaux et des
» chameaux entourent la tente. Le lit du roi est
» fait comme celui des nègres : c'est une claie gar-
» nie de nattes, supportées sur des piquets et des
» traverses à environ un pied de terre. Une natte
» étendue par terre remplit le vide de la tente, et
» sert de lit à la suite du roi. Le commun du peu-
» ple couche par terre, sur des nattes sous lesquelles
» ils étendent quelquefois un peu de paille. Pour
» préserver les effets d'être volés, on dresse une
» natte autour, vers le bout de la tente. La provi-
» sion d'eau est gardée dans des outres placées
» sur des piquets, dans l'intérieur ; elle est réser-
» vée pour les besoins des maîtres et pour abreu-
» ver les veaux. On en refuse aux esclaves, et ce-
» lui même qui a eu la peine d'aller la chercher
» n'en obtient un peu qu'à force de prières, et
» après avoir subi toutes sortes de mortifications.
» La vaisselle du roi consiste en six ou huit plats
» creux et ronds en bois. Ils contiennent environ
» six litres chaque, et servent à mettre le lait et
» les autres aliments ; trois chaudières en fonte et
» deux pots en terre, qu'ils tirent du Fouta-Toro,
» forment la batterie de cuisine et complètent
» l'ameublement. Cette description de la tente du
» roi convient également à toutes les tentes ;
» seulement, chez les pauvres, les tapis sont rempla-
» cés par des nattes. »

Une classe nombreuse de parasites entoure les
grands : ce sont les *guéhués*, gens méprisés, et qui

cependant possèdent une grande influence. Ils louent avec effronterie ceux qui les reçoivent; et leur talent de persuasion est si grand, qu'on redoute leur inimitié, et que les princes en attachent toujours quelques-uns à leur suite. Les marabouts surtout les ont en horreur; mais ils les ménagent tout en les vouant au feu éternel. Les grands ne boivent que du lait de chameau, ils laisse le lait de vache aux esclaves. Lorsqu'on tue un mouton dans le camp, à l'époque où les Maures ne prennent que du lait, la populace se rassemble autour de celui qui se prépare à le manger, et si l'homme auquel il appartient n'est pas de la haute classe, on se précipite souvent sur la viande, et on s'en partage les morceaux, sans s'inquiéter du propriétaire.

Les Maures ne trouvent belles que les femmes très-grasses. Pour donner de l'embonpoint aux petites filles, on les force à boire une énorme quantité de lait; des esclaves sont chargées de ce soin, et elles sont heureuses de se venger sur les enfants de leurs maîtres des tourments qu'on leur fait endurer. Aussi Caillié voyait-il quelquefois des esclaves pincer, frapper de pauvres petites filles, qui se roulaient par terre, rendaient le lait qu'elles venaient de prendre, et ces femmes les obligeaient à boire davantage. Les femmes qui ont les deux dents incisives de la mâchoire supérieure saillantes, et en dehors de la bouche, passent pour très-agréables. Les Maures sont d'une grande malpropreté; les femmes restent presque toujours couchées; leurs esclaves viennent leur apporter des vases remplis de lait, qu'elles boivent en se soulevant sur leurs nattes. Il n'y a nulle charité parmi les Maures; les marabouts exercent l'hospitalité pour maintenir leur réputation et leur pouvoir, et aussi par crainte de la vengeance des voyageurs. Cette peuplade a peu de maladies; mais les Braknas supportent impatiemment celles » qui viennent les saisir. Ils ont le teint basané, » de grands traits, la figure allongée, le nez aqui- » lin, les lèvres minces, le front haut et large, les » yeux vifs, le regard assuré. »

» C'est vers la fin de mai que se fait la récolte » du mil; alors les marabouts reçoivent du grain » de leurs esclaves, et les Hassanes de leurs zéna- » gues ou tributaires. Ce mil les soutient jusqu'au » mois de juillet, époque où commence la saison » pluvieuse, et où ils s'éloignent des bords du » fleuve pour ne plus vivre que de lait. » Les Hassanes sont très-cruels envers les zénagues. Lorsqu'ils veulent forcer l'un d'eux à leur donner quelque chose, ils l'attachent à leur chameau, et le font suivre ainsi, en le frappant impitoyablement. Les ouvriers sont toujours des zénagues. Les classes plus élevées les maltraitent et les méprisent; mais comme ils sont plus industrieux, leur propriété et leur aisance sont plus grandes que celles des autres Maures. Ils travaillent le fer et le cuir; on leur donne, pour paiement de leurs ouvrages,

de l'étoffe, du lait ou du mil. Les femmes des Maures ont une grande autorité dans leur ménage. La polygamie n'est pas en usage parmi ces tribus; le roi n'a qu'une femme, comme ses sujets. « Lorsqu'un homme doit épouser
» une jeune fille, il cherche en secret à obtenir
» son consentement; dès qu'il en est assuré, il
» charge un marabout de négocier les conditions
» du mariage avec les parents de la fille; celui-ci
» convient des présents que devra faire le pré-
» tendu, du nombre de bœufs qu'il donnera à sa
» belle-mère. Quand ces conditions sont réglées,
» le négociateur en instruit les autres marabouts,
» en présence du futur, lorsqu'ils se réunissent à
» la prière. Dès ce moment, le fiancé est pour
» toujours privé de voir le père et la mère de celle
» qu'il doit épouser. Il a grand soin de les éviter;
» ceux-ci, quand ils aperçoivent leur gendre fu-
» tur, se couvrent la figure; enfin, de part et d'au-
» tre, les liens de l'amitié semblent rompus : cou-
» tume bizarre dont j'ai en vain tâché de décou-
» vrir la source. Le mariage est célébré par un
» marabout. La mère de la mariée donne une fête;
» elle tue un bœuf, si elle en a les moyens, puis
» fait faire beaucoup de couscous et de sanglé,
» pour régaler les convives, qui sont toujours
» nombreux. Les femmes se réunissent autour de
» la jeune épouse, chantent ses louanges, et se di-
» vertissent toute la journée. Je ne les ai jamais
» vues danser. Les Hassanes ne s'assujettissent pas

» à l'usage de se cacher de leurs parents; ils con-
» tinuent de se voir avant comme après le ma-
» riage; leurs fêtes sont aussi plus gaies et plus
» brillantes; ils y admettent les guébués. Enfin,
» quels que soient leur usage dans l'une ou l'autre
» classe, la femme y est soumise, comme son mari,
» aux parents de ce dernier. »

On pare avec grand soin une jeune mariée. Avant la célébration du mariage, les feuilles pilées de henné sont appliquées sur les ongles, sur les pieds et dans les mains de la fiancée; ils y laissent une couleur rouge pâle, étendue en dessins bizarres. Ses compagnes parfument ses cheveux avec une pommade faite avec du beurre et du girofle pilé et mêlée d'eau, et on les laisse retomber en nattes, auxquelles on suspend des boules d'ambre, de corail et de verroterie aux couleurs variées et chatoyantes. Après son mariage, le jeune homme emmène sa femme, montée sur un chameau que la mère de la fiancée a orné. Si le mari n'a pas de chameau pour conduire sa femme dans son camp, il la laisse dans sa famille jusqu'à ce qu'il ait pu en acquérir un.

Les Maures ne pleurent pas ceux qu'ils perdent. Ils leur rendent des honneurs religieux, et mettent des inscriptions sur leurs tombeaux; mais ils pensent que ce serait offenser Dieu, que de regretter ceux qui, selon leur croyance, vont directement au ciel.

Les Maures ne manquent pas d'une certaine

liberté : lorsqu'ils sont mécontents du chef de la tribu dont ils font partie, ils peuvent plier leur tente, emmener leurs troupeaux, et aller se fixer dans un autre camp. Aussi, la population d'une tribu varie souvent. Si un esclave maltraité par son maître parvient à couper l'oreille d'un autre homme, ou à lui tuer son cheval, il devient la propriété de ce nouveau maître. La récolte de la gomme est une occupation importante pour les Maures. Des marabouts partent suivis d'esclaves et établissent leur demeure dans les déserts, parsemés d'arbres précieux et de gommiers. C'est une espèce d'acacia qui croît isolément dans les terrains sablonneux, rarement sur les bords d'un fleuve. Les marabouts font construire leurs cases en paille, près de puits creusés dans l'endroit où se fait la récolte. Ils envoient chaque matin leurs esclaves dépouiller les gommiers de leur produit ; pour cela, ils sont munis d'un sac de cuir et d'une grande perche fourchue qui leur sert à détacher les boules des branches élevées. Un esclave, dans les bonnes années, peut rapporter six livres de gomme par jour.

Caillié obtint avec difficulté le consentement des Maures, pour aller chercher des marchandises au Sénégal. Il rapporta, non sans périls, ses nattes, ses graines, les échantillons en minerai qu'il avait pu se procurer ; arrivé à bord de la goëlette *la Désirée*, il acheta une pièce de guinée (toile de coton), du sucre, du tabac et un peu de papier, et écrivit pour demander des secours au commandant. La réponse se faisant attendre, et les soupçons du Maure qui l'accompagnait augmentant d'une manière inquiétante, Caillié prit le parti de retourner de suite chez les Braknas. Il fut accueilli avec transport; les doutes sur sa conversion cessèrent; on le félicita, et il put espérer leur appui pour favoriser ses projets de voyage.

Le carême mit bientôt son zèle à une rude épreuve. « On fit, dit le voyageur, de longues prières et beaucoup de sanglé, » et le lendemain, avant le jour, Caillié fut éveillé pour boire; car la loi défend de rien prendre tant que le soleil reste sur l'horizon.

En vingt-quatre heures, un Maure véritablement dévot ne fait qu'un repas, ne prend pas une goutte d'eau et refuse même de fumer. Les voyageurs seuls sont dispensés de cette abstinence: aussi voit-on beaucoup d'hommes se mettre en route à l'époque du ramadan, pour se mettre à l'aise au sujet de la nourriture.

Caillié soutint d'abord assez bien le jeûne, mais la soif le tourmenta si cruellement avant la fin de la première journée, que la fièvre s'empara de lui. Le soleil était couché depuis un quart-d'heure, lorsqu'on lui permit de se désaltérer. Le lendemain, même supplice; il vit des femmes renoncer au jeûne et boire; pour lui, sa situation ne permettant pas une semblable indulgence, il persista et souffrit le martyre. Il y allait de sa vie, et plus que cela, du succès de son voyage. Les marabouts l'épiaient avec la plus grande attention ; il put un seul jour avaler une gorgée d'eau, sous prétexte de se laver la bouche, et le risque qu'il avait encouru le remplit d'effroi, malgré le plaisir que lui fit la goutte d'eau dérobée.

Pour l'encourager, on parlait à Caillié des récompenses que lui gardait Mahomet, et il voyait les marabouts, qui lui prêchaient le jeûne au prix de sa vie, permettre à des jeunes gens de prendre un repas au milieu du jour. Quelques Hassanes voyageurs s'égayaient aux dépens du musulman suspect, lui proposaient de l'eau-de-vie, du cochon, et riaient aux éclats en voyant la triste et silencieuse figure du patient.

Les jeux auxquels se livraient les Maures pendant le ramadan étaient peu propres à distraire Caillié ; la sigue est le passe-temps le plus en usage parmi les Maures. On prend six morceaux de bois plats et arrondis par les bouts en forme d'ovale, blancs d'un côté et noircis de l'autre ; la sigue se joue entre deux, quatre ou six personnes ; on fait trois rangs de trous dans le sable, et les adversaires se rangent de chaque côté et placent des brins de paille sur tous les trous ; les pailles sont de deux couleurs différentes, afin que chaque camp reconnaisse les siennes. Le rang du milieu reste découvert. L'un des joueurs prend cinq des morceaux de bois dans sa main, les mêle et les laisse tomber à terre; s'il amène tous les morceaux de bois de la même couleur, cela s'appelle faire la sigue, et on marque un point, avec les pailles, à la rangée du milieu. Les autres combinaisons du jeu sont de la même force. Quand un parti a perdu toutes ses pailles, la sigue est terminée.

Comme on se donne peu de mouvement pour la sigue, c'est le jeu le plus en vogue; mais on voit aussi des hommes élever des piles de petits os plats, et se mettre à distance avec des pierres, pour les abattre. Les plus adroits ont le privilége de donner aux vaincus un nombre déterminé de chiquenaudes sur le nez. Les princes prennent part quelquefois à ce jeu. Dans leurs amusements, les enfants se montrent plus animés et plus bruyants; ils forment de grands ronds; le patient est mis au milieu, et la bande tournoyante le pince, le pousse, le harcèle, jusqu'à ce qu'il se soit emparé d'un camarade, qui vient prendre sa place. Les petites filles jouent aussi à ce jeu entre elles.

A la fin du carême, chacun prend ses plus beaux habits; on tue un mouton, on fait du sanglé, et les Maures échangent des moules de mil, à titre d'aumône; malheureusement cette coutume n'a aucune application bienfaisante, car les pauvres ne participent pas à la distribution. Du moins, le jour du Tabasky est un jour de gala, où tous ceux qui le peuvent mangent enfin à leur appétit. Les Hassanes, hommes et femmes, se livrent à la joie; la course à cheval, la danse, accompagnées des chants et des jongleries des guéhués, complètent les réjouissances générales.

Un des fils de Mohammed se rendait à Saint-Louis ; on proposa à Caillié de partir avec lui pour chercher ses marchandises ; il se rendit sans empressement apparent à cette offre. En arrivant à l'Escale, tous les traitants furent prévenus par le faux musulman de ne pas le trahir auprès de son compagnon de voyage. Plusieurs différents s'élevèrent entre eux ; toutefois, le fils de Mohammed ne parvint pas à trouver Caillié en défaut.

Quand les Européens commercent avec les Africains pour l'or ou pour la gomme, toutes les concessions de politesse, de déférence, sont faites par les hommes civilisés ; les Maures abusent autant qu'ils le peuvent de la concurrence établie par les traitants, et leur exigence est sans bornes. Il faut d'abord payer les coutumes ou droit de commerce au roi, puis des cadeaux aux princes, sous le titre de souper ; et les aloums ou agents du roi reçoivent également des honoraires qui répondent de leur fidélité.

« Quand toutes les conditions sont arrêtées, le
» bateau entre en traite ; il accoste la rive, on éta-
» blit un pont pour faciliter la communication ;
» le traitant fait construire une case sur la grève
» pour loger ses pileuses (on appelle ainsi les fem-
» mes qui pilent le mil), faire la cuisine de l'équi-
» page, et se reposer lui-même quand il descend

» à terre. Un interprète lui devient nécessaire; il
» le loge et le nourrit, et paie sa part des frais de
» la table des aloums qui vivent au dépens des
» traitants. »

Si les princes ou les princesses viennent à l'escale, ils peuvent s'établir à bord du vaisseau qui leur plaît, s'emparer de la chambre, se coucher dans le lit du traitant, se faire servir à boire de l'eau et de la mélasse à table; leurs AA. RR. mettent les doigts dans les plats, goûtent de tous les mets, et rejettent ce qui ne leur plaît pas; avec leurs mains toutes sales, ils touchent le pain, le sucre, ne trouvent rien de bon, et prétendent regretter leur camp. Il faut souffrir toutes ces impertinences, sous peine de voir cesser la traite. Le seul moyen d'échapper en partie à ces vexations est de mêler du lard aux mets que l'on fait servir; alors le Maure mange à part le morceau de viande qu'on lui sert pour lui seul. La présence du roi rend la traite encore plus dispendieuse, et soumet tous les traitants à l'arbitraire de ses contributions journalières. Non-seulement il faut défrayer le monarque et toute sa suite, mais on lui doit encore deux pièces de guinée par jour et cent pièces de la même étoffe données à titre de présent forcé. La moindre plainte interrompt la traite; Fatmé-Anted-Moctar, la tante du roi, ayant trouvé qu'on lui avait servi de mauvais café, cela suffit pour motiver une rupture entre le roi et les négociants.

Ces incidens prévus, et les demandes journalières des chefs, rendent la traite très-peu lucrative. L'empressement que l'on témoigne au Maure le rend exigeant, opiniâtre; il croit toujours vendre sa gomme trop bon marché, hésite longtemps avant de l'accorder, va, vient à bord de tous les bateaux, et, au bout de huit jours, se décide enfin en faveur de celui qui fait les offres les plus séduisantes et les plus avantageuses.

» Depuis l'arrivée de la caravane jusqu'à parfaite livraison de la gomme, les marabouts arrivés pour la vente sont nourris par les traitants; si petite que soit la part de gomme qu'il veut vendre, le Maure va lui-même la porter à bord, et souvent ils se présentent jusqu'à six à la fois pour douze ou quinze livres de marchandise, et restent trois jours avant de conclure; il leur faut encore un repas quand ils ont reçu l'argent convenu.

» Lorsque le prix de la guinée est discuté, le marché n'est pas terminé, il faut encore régler les cadeaux qu'on fera au marabout; ces cadeaux consistent en poudre, sucre, miroirs, couteaux, ciseaux. Quelles que soient les demandes du marabout, il croit toujours que la gomme n'a pas été payée au prix que les Européens y attachent.

» Pendant la traite, les Hénagues s'installent aux environs de l'Escale pour vendre le produit de leurs troupeaux. Les Maures qui n'ont pas de gomme vont dans le camp de ces malheureux, s'y font nourrir, et les dépouillent ainsi des bénéfices qu'ils peuvent faire avec les traitants. Rien de plus animé que l'Escale pendant le moment de la vente. C'est une foire tumultueuse, où se rendent des pasteurs avec les chameaux, les bœufs et les moutons; des femmes se querellent; des Hassanes courent çà et là avec leur turbulence habituelle. Des caravanes arrivent du désert, et les traitants démêlent leurs intérêts avec ces gens, tous également mal disposés à leur égard. » En quittant l'Escale, Caillié se rendit à Saint-Louis. Le chef de la tribu des Doulaches inspira à son compagnon de nouvelles défiances à son sujet; le fils de Mohammed dissimula avec le voyageur. Mais celui-ci comprit qu'il n'avait rien de mieux à faire que de retourner au plus vite parmi les Braknas, s'il voulait en imposer encore à cette tribu et à son jeune conducteur.

Il fut impossible à Caillié d'obtenir du gouverneur du Sénégal les moyens d'entreprendre son excursion à l'intérieur de l'Afrique. Son projet passait pour de la folie; on le prenait en pitié, et rien ne l'indignait plus que de se sentir méconnu. Il refusa les places qu'on lui offrait, quitta la colonie française, et se rendit à Sierra-Leone, où le gouverneur anglais lui témoigna un intérêt plus réel, sans cependant le seconder en ce qui le touchait le plus. Une place lucrative le mit à même de faire deux mille francs d'économie; dès-lors Caillié se sentit assez fort pour réussir par lui-même dans ce qu'il projetait. La France avait repoussé ses efforts; il voulait cependant que son pays recueillit la gloire de la découverte de Tombouctou.

La société de Géographie promettait six mille francs au voyageur qui y arriverait ; s'il succombait au retour, sa sœur recevrait cette somme à titre d'héritage. Plusieurs projets manqués, diverses tromperies de la part des Mandingues, dont il avait espéré faire ses compagnons de voyage, retardèrent longtemps encore Caillié. Il alla à Freetown, puis à Kakondy, où il fit une pacotille avec l'argent qu'il avait réalisé. De la poudre, du papier, du tabac, différentes verroteries, de l'ambre, du corail, des mouchoirs de soie, des couteaux, des ciseaux, des miroirs, des clous de girofle, trois pièces de guinée bleue, des médicaments, formèrent son bagage de vente. Son argent comptant, caché dans une ceinture; deux boussoles, des feuillets du Coran, dans les poches de son vêtement arabe, devaient servir, les boussoles à le guider, les feuillets à recueillir ses souvenirs. En changeant son point de départ, Caillié espérait, avec raison, n'avoir plus à redouter les défiances des nègres qui l'avaient connu à Saint-Louis avant qu'il prît les mesures nécessaires à son voyage.

Pendant son séjour à Kakondy, Caillié recueillit des notes intéressantes sur les Nalous, les Landamas et les Bagos, avec lesquels il se trouva en relation. On l'avait présenté au prince héritier présomptif des Landamas, et l'introducteur par-là au prince du désir qu'avait Caillié d'entrer dans l'intérieur de l'Afrique, pour se rendre dans le Fouta-Dhialon, auprès de l'almamy.

Le prince plaisanta Caillié sur la fable qu'on inventait, et prétendit reconnaître en lui un Européen; mais le voyageur ne se laissa pas déconcerter, et il finit, à force de sérieux, par persuader les plus incrédules de la vérité de ses prétentions. Le prince était idolâtre, et plusieurs nations fixées sur les bords du Rioz-Nunez, que Caillié eut l'occasion de visiter, avaient aussi des croyances tout à fait barbares.

Une sorte de franc-maçonnerie unit ces diverses peuplades entre elles. Le chef de l'association, appelé le *Simo*, leur dicte ses lois. Il doit vivre dans les bois, et ne jamais voir que les initiés à ses mystères. Des jeunes gens l'accompagnent, et lui sont dévoués, sans connaître ses desseins. Le *Simo* prend à volonté divers déguisements; il se montre sous la figure d'un pélican, revêt des peaux de bêtes ou bien se couvre de feuilles d'arbres, qui le font paraître informe. Quand de nouveaux adeptes se présentent, le *Simo* les reçoit sur la lisière des bois et les emmène avec lui. Malheur à ceux qui tombent à l'improviste au milieu des initiés! on les chasse à coups de verges, et les femmes, surtout, reçoivent de la part de ces vagabonds des traitements cruels.

Après sept années passées dans les bois, les initiés réclamés par leurs parents peuvent rentrer dans les villages. On envoie au jeune homme réclamé des pagnes, dont on fait une belle ceinture garnie de grelots de cuivre, et du rhum et du tabac pour le chef. Dans cette occasion, le mystérieux *Simo* consent à se laisser voir; sa détermination est annoncée par des cris et des hurlements, et chacun se dispose à se trouver sur son passage.

Les anciens initiés s'apprêtent à fêter leur maître et à lui offrir des présents. Il vient bientôt, suivi de ses bruyants disciples; on le conduit en triomphe au village; le tamtam, les danses, égaient la marche. Les femmes donnent une calebasse de riz au *Simo*, en jetant des cris de joie. On tue des bœufs et des moutons, les réjouissances durent plusieurs jours; et les parents qui ont largement payé le *Simo* peuvent reprendre leurs enfants; ceux des pauvres retournent dans les bois, sous la conduite du maître. Cependant on permet aux plus âgés d'aider leurs parents à travailler dans les champs à l'approche des pluies, puis ils reviennent mettre leur labeur au service du chef.

Ceux qui sont rentrés chez eux plantent devant leur porte un piquet couronné d'un chiffon blanc. Ce piquet, présent du chef, prend le nom de *Simo*, et devient une divinité révérée. Quand une contestation s'élève, le *Simo* protecteur de la case devient l'arbitre des débats. On boit, devant le fétiche, une liqueur qui, prise avec excès, est un poison; et comme l'accusé et l'accusateur subissent l'épreuve, le premier qui succombe, à des doses rétérées, est reconnu coupable, et l'autre est renvoyé avec une réparation.

Les Landamas prennent autant de femmes qu'ils en peuvent nourrir. Lorsqu'ils veulent avoir une nouvelle compagne, le vœu de la jeune fille n'est nullement consulté. Le futur fait des présents aux parents, parmi lesquels doivent figurer des noix d'ourou de différentes couleurs. On tire des augures d'après ce fruit; la future, à laquelle on l'apporte, apprend seulement alors qu'elle est fiancée, et le même jour elle part avec un époux qu'elle ne connaissait peut-être pas auparavant. Les fêtes du mariage durent trois jours, et les liqueurs fortes jouent un grand rôle dans les galas de noces, aussi bien que dans les sacrifices qui se pratiquent pour les enterrements. La musique, la danse et le vin de palme animent la multitude d'une même joie dans les cérémonies funèbres qu'à l'occasion des mariages.

Des cases faites en paille abritent les Nalous et les Landamas; ces cases sont petites et sales. Pour les costumes, on ne saurait dire lequel est généralement adopté. Une culotte européenne et la pagne sur les épaules se portent souvent ensemble; d'autres mettent une veste, et seulement un coussabe. Les femmes ont des pagnes.

Les abeilles abondent dans ce pays; l'exploitation des ruches est l'industrie principale des nègres, qui aiment beaucoup le miel. On fait partir les essaims avec de la fumée, et la ruche reste aux chasseurs qui vendent la cire aux Européens. Souvent ces essaims chassés s'introduisent dans les cases, et il faut faire de la fumée pour les mettre dehors.

Les Bagos, également idolâtres, sont plus intelligents que leurs voisins les Landamas; ils travaillent leur sol, élèvent des troupeaux et ne manquent pas d'industrie dans ces différentes occupations rurales. C'est toujours sur les femmes que reposent les plus rudes travaux; elles vont à peu près nues, soignent les cultures et les salines, et ont encore à préparer les repas dans leurs cases. Le riz et le sel sont les objets de commerce les plus importants des Bagos; ils vendent ces denrées à Kakondy, qui approvisionne le Fouta.

S'il fait un soleil ardent, ou que la pluie tombe par torrents, les Bagos, hommes et femmes, adaptent sur leur tête une natte de jonc longue de deux pieds et demi et large d'un pied, et continuent à vaquer à leurs travaux; les enfants, attachés sur le dos de leur mère, n'ont pas d'autre abri que cette natte. La vie dure que mènent les femmes n'a point de trêve, et le mariage se fait ordinairement de bonne heure parmi eux. Aux parents qui donnent leur fille, il faut que le marié apporte en échange une de ses sœurs ou de ses parentes, pour remplacer sa femme dans la case de son beau-père et de sa belle-mère; elle y reste jusqu'à ce qu'elle se marie à son tour. Les hommes ne fournissent pas de remplaçants. Comme chez les Landamas, la polygamie est permise chez les Bagos.

Quand le chef d'une famille meurt, on brûle tout ce qu'il possédait. L'énumération de ses effets est faite avant de les livrer aux flammes; son industrie est offerte en exemple aux assistants, que l'on encourage à marcher sur les traces du défunt. Le grabat du chef est mis en terre à six pieds de profondeur; on place le corps debout au même endroit, et tous les soirs on allume du feu sur la tête du mort, auquel on adresse de longs discours.

Quand il ne reste plus rien à la famille du chef, les habitants du village la font vivre jusqu'à la récolte suivante. Non-seulement on fait du vin de palme, mais l'huile des palmiers sert à mille usages dans la peuplade des Bagos. Ils apprêtent leurs mets avec cette huile, s'en frottent le corps, ce qui leur donne une apparence dégoûtante et une odeur insupportable. Les Bagos vont presque nus, un anneau de cuivre pend habituellement au cartilage de leur nez; les femmes portent des verroteries. L'hospitalité est une des vertus dominantes de la peuplade; mais, s'ils sont bienveillants pour les étrangers, les Bagos se montrent sans pitié envers leurs ennemis : ils tuent les prisonniers plutôt que de faire des esclaves. Dans leurs festins, ils mangent des poissons secs, des moutons avec leurs entrailles, des serpents, des lézards et des singes, toujours accommodés avec l'huile de palme.

Contents de leur sort, les Bagos ne frayent pas avec leurs voisins, et se croient, de bonne foi, un peuple privilégié. C'est seulement lorsqu'ils entendent le tonnerre qu'ils manifestent des idées religieuses; ils dansent et boivent alors au son du tambour, pour se réjouir avec Dieu, qu'ils supposent être aussi en fête.

Les maisons des villages sont grandes, et peuvent contenir plusieurs familles. Le chef a son lit séparé et mange avec les hommes mariés. Les femmes ont chacune leur plat, et vivent isolément. Des pirogues, faites d'un seul tronc d'arbre, servent aux Bagos à traverser les rivières. Ils sont bons nageurs, et lorsqu'ils se rendent à Kakondy, ils s'y montrent toujours avec des pantalons et des chapeaux à l'européenne; mais, de retour chez eux, ils laissent ce costume pour reprendre le pagne.

M. Castagnet, ami de M. Caillié, s'occupa de lui faciliter les moyens de voyage; il chercha à engager des Mandingues à le guider jusqu'à Tombouctou. Caillié était résolu à se faire passer pour un Égyptien enlevé de bonne heure à sa famille, et qui, resté fidèle à sa religion au milieu des Européens, désirait retourner dans son pays. M. Castagnet raconta cette fable aux Mandingues, et chercha à exciter leur intérêt; mais ils ne donnèrent pas le moindre signe d'émotion, jusqu'à ce que l'ami de Caillié, usant d'un dernier moyen, leur promit un beau présent en récompense des services qu'ils rendraient au voyageur. Alors les Mandingues témoignèrent leur zèle d'une manière bruyante, et protestèrent de leurs bonnes dispositions. On partit le 19 avril 1817. La caravane se composait de cinq Mandingues, de trois esclaves, d'un porteur foulah, d'un guide et de sa femme. Une femme fait toujours partie des voyages en Afrique. Elle est chargée du soin de la cuisine, et elle marche pliée sous le poids des ustensiles et des provisions, tandis que les hommes ne portent rien ; à l'heure des repas, elle les prend seule, à l'écart. Caillié et ses compagnons rencontrèrent des Foulahs et des Mandingues traversant les déserts pour des affaires de commerce. Ils étaient approvisionnés de sel, de cuirs, de cire ou de riz. Leur marche est très-rapide, malgré les fardeaux qu'ils portent sur leur tête. Les Foulahs s'attendrissaient beaucoup sur l'histoire prétendue de Caillié ; ils lui faisaient de petits cadeaux, et prenaient grand soin de lui, lorsque leur halte se faisait au même endroit. Par dévotion, ils devenaient charitables. Un Arabe, ou compatriote du prophète, est pour eux un objet de vénération.

La route que les voyageurs parcouraient leur faisait quelquefois traverser d'épaisses forêts, puis de longs déserts arides ; quelques villages, entourés de champs bien cultivés, coupaient de belles plaines, fermées par des montagnes. Malgré la fatigue du voyage, Caillié jouissait de la beauté de ce pays.

Les habitants qu'ils rencontraient lui témoignaient une grande bonté, et exerçaient l'hospitalité envers le prétendu musulman. Les Foulahs sont généralement beaux : « ils ont le teint cou-
» leur marron un peu clair; ils ont le front un peu
» élevé, le nez aquilin et les lèvres minces, la forme
» de la tête presque ovale; la seule ressemblance
» qu'ils aient avec les Mandingues est dans leur
» chevelure crépue. Ils se tiennent en général très-
» droits, et se croient supérieurs aux autres nègres.
» Leur costume consiste, comme celui des Man-
» dingues, en un coussabe, ou chemise de toile
» blanche du pays, et un pantalon très-large; ce
» pantalon est fait de grosse toile; ils ont un
» bonnet de même étoffe. En voyage, ils sont ar-
» més de flèches empoisonnées, et portent aussi
» des lances. Ils se graissent le corps et la tête
» avec du beurre. Leurs femmes se coiffent avec
» grand soin; elles ornent les tresses de leurs che-
» veux avec diverses verroteries, et portent de
» l'ambre au cou, en forme de collier; elles sont
» en général vives et jolies. »

Enfin on arriva au village d'Ibrahim, guide de Caillié. La famille d'Ibrahim le reçut joyeusement : « Les bons nègres prenaient leurs petits enfants
» dans leurs bras; les femmes aussi paraissaient
» satisfaites du retour de leurs maris; mais elles
» avaient l'air timide en les abordant, et posaient
» silencieusement un genou en terre, en signe de
» salutation. » Tous les amis d'Ibrahim arrivèrent

en foule; « alors on étendit des peaux de bœuf au » milieu de la cour; l'on s'assit en rond, éclairés » par un beau clair de lune. Les questions se pres- » saient; le voyage, le prix du sel et des marchan- » dises, en étaient l'objet. » Tout à coup on aperçut Caillié, et son histoire, racontée par Ibrahim, excita l'admiration générale. Un repas de viande et de riz fut apporté aux Mandingues rassemblés dans la cour; et, après leur départ, Caillié fut conduit dans la case où il devait reposer, couché sur une peau de bœuf. Quelques Mandingues trouvaient le voyageur trop blanc pour être un Arabe; Ibrahim prenait vivement son parti, et plusieurs étaient convaincus en pensant qu'un Européen ne se déciderait jamais à étudier le Coran.

On amena un jour à Caillié un petit enfant blanc, dont le père et la mère étaient nègres. « Il avait » les cheveux crépus et blancs, les cils et les sour- » cils couleur de lin clair, le front, le nez, les » joues et le menton d'un rouge légèrement in- » carnat; les yeux creux, d'un beau bleu de ciel » très-clair, la prunelle rouge comme du feu, les » lèvres incarnat un peu foncé, et le reste du teint » blanc de lin clair. » C'était un albinos : on en voit quelques-uns en Afrique.

Les Mandingues sont très-intéressés, très-ignorants. Caillié, ayant donné quelques médicaments à des malades, fut bientôt obsédé de demandes pour avoir des remèdes. Il fut obligé de devenir médecin, sous peine de perdre sa réputation de bon ma-

homélan. Il était très-pressé de partir pour le Kankan ; on lui donna un guide mandingue qui se rendait dans ce royaume. On construisait un pont dans les environs du village d'Ibrahim. Avant de partir, Caillié alla visiter ce travail. Quelques Mandingues frappaient sur un grand tambour pour appeler les ouvriers. Ils arrivaient tous gais et contents, et paraissaient s'amuser beaucoup de leur ouvrage. « On plante des piquets au milieu du
» ruisseau, à distances rapprochées, sur lesquels
» on pose des traverses qui, dans beaucoup d'en-
» droits, sont supportées sur les branches des ar-
» bres qui croissent dans le ruisseau. Sur les tra-
» verses, on pose des morceaux de bois en long
» bien ajustés ensemble avec des lianes (bois très-
» flexible); on pose ensuite, en travers du pont,
» de petits morceaux de bois à la distance d'un
» pas les uns des autres, pour assurer la marche
» en traversant ce pont chancelant. Sans les bran-
» ches des arbres riverains qui soutiennent son
» ensemble, cette frêle construction ne pourrait
» pas résister à la rapidité du courant. »

Caillié fit, en partant, plusieurs cadeaux à Ibrahim : celui-ci le pria de n'en parler à personne. Les Mandingues sont très-avares, et craignent toujours d'être obligés de donner. Les Foulahs sont beaucoup plus généreux. Le nouveau guide du voyageur se nommait Lamfia. Caillié reçut encore un bon accueil des populations chez lesquelles il passait; il leur donnait des médicaments acceptés avec la plus grande confiance. Cependant la caravane rencontra des marchands foulahs qui, prenant Caillié pour un chrétien, s'écrièrent : « Un blanc qui va dans l'est! les grands du Foulah n'en savent certainement rien, car ils s'y opposeraient. » Lamfia chercha à les apaiser, et il y parvint après quelques difficultés. Un de ses arguments pour prouver que celui qu'il accompagnait n'était pas un blanc, était qu'un Européen ne marchait pas à pied, « qu'ils ne connaissaient que les rivières et les bâtiments. » Les habitants du Fouta croient que les Européens habitent de petites îles au milieu des mers. Caillié continuait à être très-prudent, pour la manière de prendre ses notes. Son guide le surveillait toujours avec inquiétude, et cependant prenait chaudement sa défense, lorsque la sûreté du voyageur l'exigeait.

La route traversait souvent des paysages admirables. En quittant les bords d'un ruisseau, le Bandiégué (rivière aux poissons), on traverse une plaine couverte de belles amaryllis à fleurs blanches; puis, après avoir parcouru quelques terrains nus, on retrouve le Bandiégué qui arrose alors une belle plaine ornée d'une verdure toujours renaissante.

Dans le village de Sancougnau, Caillié fut obligé, comme tout voyageur, de se présenter devant le chef; il était étendu sur une grande peau de bœuf, la tête appuyée contre une planche. Pour faire bien augurer de sa dévotion, Caillié se mit à lire à haute voix quelques versets du Coran. « Un vieil-

« lard du Bondou, établi dans ce village, lui prit
» des mains les feuillets, et voulut montrer son
» érudition ; il marmota quelques mots tout bas,
» en tenant les feuillets tantôt en travers, tantôt
» la tête en bas. Caillié sourit malgré lui de son
» ignorance. Le nègre le vit, lui remit sur-le-
» champ les feuillets du Coran, et, resté auprès du
» chef, il le persuada qu'on le trompait. » Le guide
de Caillié parvint cependant à le tirer de ce mauvais pas, en assurant que le voyageur « était du véritable pays des Arabes, patrie du prophète, et un grand schérif. »

On arriva dans le Baleya, pays entouré par le Fouta à l'ouest, le Sangaran au sud, le petit pays d'Amana à l'est, et des Fouts au nord. « Tous les
» villages de ce royaume sont entourés d'un dou-
» ble mur en terre ayant des créneaux ; ils ont dix
» à douze pieds d'élévation ; ces villages contien-
» nent de cent à cent vingt-cinq cases construites
» en paille. Les habitants du Baleya furent soumis
» aux lois du prophète par les Foulahs, et depuis
» ils font quelques présents en bestiaux à l'Almamy
» du Fouta. Ils sont guerriers et cultivateurs ; ils
» vivent dans l'abondance du nécessaire, qu'ils se
» procurent en cultivant la terre ; leurs bestiaux
» leur fournissent du beurre et du lait ; ils fabri-
» quent des toiles blanches qu'ils échangent avec
» leurs voisins pour du sel, principal article d'é-
» change ; dans presque tous les villages on fabrique
» de la poterie. Les habitants du Baleya sont bien

» loin d'être aussi zélés que les Foulahs; ils boivent
» en secret une espèce de bière faite avec du mil
» et du miel. Lamfia me dit qu'ils étaient ancien-
» nement possesseurs du Fouta. D'ailleurs, les
» femmes du Baleya sont vives, jolies et coquettes;
» elles mettent beaucoup de soin à leur coiffure,
» qui consiste en deux touffes de cheveux, une de
» chaque côté de la tête : plusieurs en ont quatre;
» elles y ajoutent des graines de couleur artiste-
» ment arrangées. Elles portent au cou un collier
» de petits grains de verre noir, parmi lesquels
» elles mettent un peu de verroteries dorées; ce
» collier est large de trois doigts, et leur serre le
» cou comme une cravate. Leur coiffure serait
» agréable si leurs cheveux n'étaient couverts d'une
» couche de beurre, dont elles se graissent aussi le
» corps, ce qui leur rend la peau luisante et leur
» donne une odeur forte. La plupart des femmes
» n'ont pour vêtement qu'une bande de toile, de
» cinq pieds de long et deux de large, qu'elles se
» tournent autour des reins; pendant les jours de
» fête, elles en mettent une seconde sur leurs
» épaules; elles portent aussi des sandales. C'est
» à peu près le costume général des femmes de la
» Nigritie. Elles sont très-enjouées et douces; elles
» ont le teint fort noir, de beaux traits, les cheveux
» crépus, le nez légèrement aquilin, les lèvres
» minces et de grands yeux; elles sont chargées
» de tout l'ouvrage de la maison et sont très-sou-
» mises à leurs maris. »

Caillié arriva au bout de quelques jours auprès des bords du Dhioliba, ce fleuve mystérieux, sur lequel les savants d'Europe sont si curieux de savoir des particularités.

On passe le fleuve à Bouré. Le chef perçoit des droits sur les voyageurs, mais il fit grâce à Caillié de toute contribution. « Le 13 juin, dit-il, nous traver-
» sâmes le fleuve dans des pirogues de vingt-cinq
» pieds de long sur trois de large et un de profon-
» deur; il y avait beaucoup de monde au passage;
» tous disputaient sur le prix qu'on leur deman-
» dait, voulaient passer les premiers et parlaient
» tous à la fois, en sorte que personne ne s'enten-
» dait; ils faisaient un bruit assourdissant. Les sa-
» racolets (1) eurent beaucoup de peine à faire
» embarquer leurs ânes dans les pirogues; ceux
» qui étaient passés tiraient nombre de coups de
» fusil en signe de réjouissance, ce qui ajoutait en-
» core au tapage que faisaient les nègres en se
» querellant. » Caillié fut obligé de rester au soleil toute la journée, car les bords du rivage sont si découverts, qu'il n'y avait sur la rive gauche qu'un seul arbre, un gros bombax, sous lequel on se mettait à l'ombre; mais il y avait tant de monde dessous que le voyageur ne put s'y placer.

Lamfia, en arrivant à Kankan, sa ville natale, voulut absolument que Caillié ouvrît son parapluie pour faire honneur à la capitale du royaume. Le

---

(1) Les saracolets, corporation de marchands qui parcourent l'Afrique pour leurs affaires de commerce.

voyageur n'avait eu qu'à se féliciter de son guide; aussi lui fit-il cadeau de plusieurs objets précieux pour un nègre : c'étaient trois brasses de belle guinée bleue qu'il avait déjà témoigné désirer, trois brasses de belle indienne, et six feuilles de papier. — Caillié alla bientôt à la mosquée. « Cet
» édifice consiste en un bâtiment carré, construit
» en terre, avec trois portes d'entrée. Il y a plu-
» sieurs avenues formées par de gros piquets qui
» en soutiennent le toit; il est d'une construction
» informe, et très-loin d'être aussi bien que les
» mosquées en paille du Fouta et du Dhialon. Les
» femmes ont une mosquée à part. »

Une assemblée nombreuse se réunit pour interroger Lamfia et Caillié. On fut satisfait de leurs réponses.

Le marché de Kankan est très-bien approvisionné. Les marchands mandingues y apportent des fusils, de la poudre, des pierres à feu, des indiennes de couleur, de la guinée bleue et blanche, de l'ambre, du corail, des verroteries et des quincailleries qu'ils achètent dans les établissements européens. Les toiles blanches de Cuassalo abondent dans ce marché; on y trouve aussi des pots de terre, fabriqués dans le pays; des légumes et des fruits, de la volaille, des bœufs, des moutons et des chevaux. Les esclaves vendent du bois de chauffage pour se procurer une provision de sel, objet très-cher dans le Kankan. Les marchands ont tous de petites balances très-justes, faites dans le pays. Leurs poids sont les graines d'un arbre ; ils tiennent beaucoup à leur or, et ne s'en défont que pour des marchandises précieuses à leurs yeux.

« Le 5 juillet eut lieu la fête du Salam, qui est
» toujours célébrée avec beaucoup de magnifi-
» cence par les musulmans. Caillié assista aux cé-
» rémonies avec son guide. La fête eût lieu dans
» une grande plaine à l'est du village, non loin
» du Milo. En traversant les rues, il vit des vieil-
» lards vénérables recouverts d'un petit manteau
» court, fait d'écarlate, dont les bords étaient gar-
» nis d'une étoffe de coton à fleurs jaunes, pour
» imiter des galons en or ; ils marchaient sépa-
» rés, et étaient suivis d'une nombreuse escorte ;
» ils se promenaient de tous côtés et chantaient :
» *Allah-akbar, allah-akbar, la illa il-allah, allah-*
» *akbar;* ces paroles étaient répétées par leur
» suite, qui grossissait à chaque instant. Ils tenaient
» à la main droite une lance, et avaient sur la tête
» un bonnet rouge. Rendu dans la plaine, Caillié
» vit une nombreuse assemblée habillée de diverses
» manières : la majeure partie était en costume
» du pays, qui consiste en un coussabe, une cu-
» lotte, un bonnet de forme pointue et une paire
» de sandales; plusieurs étaient affublés de vieux
» habits rouges de soldats anglais, qu'ils s'étaient
» procurés à Sierra-Leone ou à Gambie, et d'autres
» couverts de vieux manteaux européens, de di-
» verses couleurs, avec un chapeau à l'eu-
» ropéenne, et mille haillons de ce genre; enfin,

» chacun avait pris ce qu'il croyait avoir de plus
» beau, et tout le monde était en parure. Ils étaient
» tous armés de fusils, de lances, d'arcs et de flè-
» ches, et au moment de la prière, chacun mit
» ses armes à terre. On voyait arriver à chaque in-
» stant des vieillards à manteaux rouges, suivis
» d'une foule d'habitants; peu après, parut le chef
» à cheval, escorté de deux ou trois cents Man-
» dingues formant une haie à ses côtés. Caillié re-
» marqua que les hommes de sa suite avaient tous
» des fusils; le chef faisait porter devant lui un pa-
» villon de taffetas rose. L'almamy, chef de la re-
» ligion, suivait Mamady-Sanici, premier magis-
» trat. Il avait, comme lui, une nombreuse garde
» portant un pavillon de taffetas blanc, avec un
» morceau de soie rose au milieu, formant un cœur.
» Mamady-Sanici était mis très-simplement, mais
» propre; l'almamy, au contraire, était magnifi-
» quement vêtu; il était couvert d'un manteau de
» belle écarlate, garni de franges et de galons en
» or; c'était un cadeau que lui avait fait le ma-
» jor Peddie. Lors de son séjour à Kakondy, sur le
» Rioz-Nunez, au moment ou il devait explorer
» l'intérieur de l'Afrique, il envoyait des cadeaux
» de tous côtés pour se rendre les chefs favora-
» bles. — Ceux des autres vieillards qui avaient
» des manteaux rouges avaient pris modèle sur ce-
» lui de l'almamy. La musique de la fête consistait
» en deux grosses caisses ou tambours. L'almamy
» fit la prière avec beaucoup de recueillement;

» c'était un spectacle imposant que de voir une
» aussi grande assemblée se prosterner pour ado-
» rer Dieu. Après la prière, les vieillards revêtus
» de manteaux formèrent un dais avec des pagnes
» blanches; l'almamy se plaça sur un petit siège
» qu'on avait apporté exprès, et lut une longue
» prière en arabe, que bien certainement per-
» sonne ne comprenait. Après cette prière, le chef
» Mamadi-Sanici harangua le peuple; il avait à ses
» côtés un homme qui répétait à haute voix ce
» qu'il disait, afin que tout le monde pût l'entendre.
» Après cette harangue on se retira avec précipi-
» tation... Les femmes assistèrent à la fête, se te-
» nant à une distance respectueuse des hommes;
» elles firent aussi la prière. Après cette cérémo-
» nie, on alla tuer l'agneau pascal pour se régaler
» le reste du jour. Les nègres n'ont pas de plus
» vive jouissance que celle des grands repas. Lam-
» fia s'était affublé de la couverture de laine et du
» parapluie, qu'il tenait toujours ouvert sur sa tête
» comme pour se préserver du soleil... Le reste
» du jour se passa comme les précédents... A
» l'heure du souper, les femmes se rassemblèrent
» entre elles pour partager leur repas; elles se di-
» vertirent gaîment: mais leurs jeux sont bien loin
» d'être aussi animés que ceux des nègres idolâtres
» de Baleya et d'Amana; Caillié les voyait sauter,
» danser dans la case et dans la cour, tenant à la
» main un morceau de viande dans lequel elles
» mordaient d'une façon dégoûtante. La musique

» et la danse sont interdites parmi les Musulmans.

» La ville de Kankan, chef-lieu du canton de ce
» nom, est située près de la rive gauche du Milo,
» rivière qui arrose le pays de Kissi, où elle prend
» sa source; dans les mois d'août et de septembre
» elle déborde et fertilise les terrains qui l'envi-
» ronnent. » Plusieurs villages en dépendent.
« Cette ville est entourée d'une belle haie vive
» très-épaisse qui la défend mieux qu'un mur en
» terre. Elle a deux portes, l'une à l'est et l'autre
» à l'ouest. Elle ne contient pas plus de six mille
» habitants; elle est située dans une jolie plaine de
» sable gris, de la plus grande fertilité. On n'aper-
» çoit dans l'éloignement que de très-petits mon-
» ticules; l'on voit dans toutes les directions de
» jolis petits villages qu'ils appellent aussi curondi :
» c'est là qu'ils placent leurs esclaves; ces habita-
» tions embellissent la campagne et sont entourées
» des plus belles cultures; l'igname, le maïs, le riz,
» le foigné, l'oignon, la pistache, le gombo, y
» viennent en abondance. Les habitants du Kan-
» kan sont gouvernés par un chef qu'ils appellent
» dongon-tigui; mais ce chef ne décide rien sans
» assembler le conseil des vieillards, qui d'ordi-
» naire se tient dans la mosquée des femmes, et
» auquel j'ai assisté souvent. J'ai remarqué que,
» contre l'habitude des assemblées turbulentes des
» autres nègres, chacun y parle à son tour, et l'on
» met à la porte ceux qui ne se conduisent pas
» comme ils le doivent. Dans leurs décisions, ils

« sont toujours très-circonspects; ils craignent de
» se tromper : aussi délibèrent-ils longtemps. Ils
» sont tous mahométans, et portent une haine mor-
» telle aux infidèles.

» Les Mandingues du Kankan sont dans leurs
» ménages de la plus grande propreté et toujours
» vêtus de linge très-blanc. Ils fabriquent dans le
» pays de belle toile avec le coton que filent leurs
» femmes : rarement cette toile est vendue; ils
» s'en servent pour se vêtir. Chaque famille a son
» petit entourage en paille ou en épines; dans l'in-
» térieur il y a des cases pour les loger, et au dehors
» un petit jardin cultivé par les femmes ou les en-
» fants; on y récolte ordinairement du maïs et un
» peu de tabac. Les rues sont assez larges et te-
» nues proprement; le village est ombragé par un
» grand nombre de dattiers, papayers, bombax et
» baobabs. »

Près de Kankan se trouve le Bouré, capitale
Bouré. C'est un pays montagneux où les mines
d'or abondent. Les habitants emploient un procédé
très-imparfait pour les exploiter, et perdent ainsi
une grande partie de ce précieux métal. On ne
cultive pas les terres à Bouré; tout se trafique
avec de l'or.

Caillié quitta le Kankan accompagné d'un Foulah
du Fouta-Dhialon. Son guide se nommait Afa-
ranba. Dans le Ouassalo le voyageur fut bien reçu
par les habitants. Ce sont des Foulahs pasteurs et
cultivateurs. Leur douceur les rendait bienveillants

envers Caillié; ils l'entouraient avec curiosité en disant : — C'est un blanc! ah! qu'il est bien! — Puis ils demandaient si la couleur de sa peau était naturelle.

Ces Foulahs élèvent beaucoup de volaille; ils prennent eux-mêmes soin de leurs petits poulets. Tous les soirs ils les rassemblent dans une espèce de panier rond, et les rapportent dans leurs cases pour les mettre à l'abri du froid; tous les matins ils les laissent courir autour de leur habitation; ils les nourrissent d'insectes, d'herbe et du grain qui sort des mortiers quand on pile le riz ou le mil.

A Sambatikala, grand village habité par des Mandingues musulmans, Caillié fut assez malheureux : ses hôtes, très-pauvres et souffrant de la disette, pouvaient à peine le nourrir. Les habitants s'adonnent au commerce et négligent entièrement l'agriculture. On fabrique de jolie toile dans leur pays; ils tirent le coton de chez les Bambaras. « Chez eux le prix courant d'un esclave est un » baril de poudre et huit masses de verroteries » couleur marron clair, ou bien un fusil et deux » brasses de taffetas rose. »

Caillié continua son pénible voyage, se rapprochant toujours du but qui devait réaliser l'espoir de sa jeunesse. Après avoir été longtemps malade dans le village de Timé, pays habité par des Mandingues et des Bambaras (les Mandingues sont musulmans, les Bambaras sont idolâtres), Caillié traversa plusieurs autres pays,

arriva sur les bords du Dhioliba ; il en passa plusieurs bras et se trouva enfin dans l'île de Jenné. Un Mandingue offrit l'hospitalité au voyageur ; sa maison, d'un aspect agréable, n'était point aussi jolie dans l'intérieur. Caillié demanda à connaître les Arabes établis à Jenné. On promit de le conduire chez le schérif Sidy-Oulad-Marmou, Maure de Tafilet. « Arrêté devant la maison du schérif,
» située assez près du marché, dit le voyageur, je
» vis quatre Maures assis dans la rue sur une
» natte et de petits coussins ronds, faits en peau
» de mouton mal tannée, où l'on voyait encore le
» poil. L'un d'eux, homme de quarante ans, était
» beaucoup plus blanc que moi. Les Mandingues,
» sans différer, leur annoncèrent qui j'étais, d'où
» je venais, leur dirent que mes moyens étaient
» épuisés et que je leur demandais l'hospitalité. »
Alors Caillié leur raconta son histoire prétendue, son origine arabe : les chrétiens, disait-il, l'avaient enlevé dans son enfance, et à présent son dessein était de retourner en Égypte par Tombouctou. Les Maures l'accablèrent de questions sur les blancs, et lorsqu'il eut satisfait à leur curiosité, le schérif dit à l'hôte de M. Caillié de le conduire chez le chef de la ville. « Nous y allâmes,
» continue Caillié, et mon guide m'accompagna
» toujours. Nous entrâmes dans le petit corridor
» d'une maison fort ordinaire ; on nous fit rester
» dans une première chambre où il y avait beau-
» coup de monde qui attendait audience. On alla

» chercher une peau de bœuf sur laquelle on nous
» fit asseoir. Dans le fond du corridor il y avait
» une porte fermée qui donnait sur un escalier
» intérieur conduisant au premier étage. On alla
» m'annoncer au chef; il descendit aussitôt et
» s'assit au bas de l'escalier, sa porte toujours fer-
» mée sur lui. Ce chef ne parlait pas arabe; il me
» fit demander si je connaissais le Mandingue. Mes
» compagnons le prévinrent de ce qui m'amenait
» en sa présence. Celui qui gardait la porte répé-
» tait à haute voix le rapport qu'on faisait, afin
» que le chef (qui sans doute avait l'ouïe un peu
» dure) pût entendre; il me demanda si je parlais
» bambara. Un des Maures que j'avais vus chez le
» schérif vint me joindre; on l'annonça, et aussitôt
» la porte de l'escalier s'ouvrit; tous les assistants
» eurent le plaisir de voir ce chef mystérieux. Il
» me parut âgé et très-gros; il y voyait à peine;
» ses vêtements étaient très-simples. Le Maure
» alla avec empressement lui donner la main en
» signe de salutation, et me dit d'en faire autant;
» je me hâtai de lui obéir : c'est une faveur à la-
» quelle je fus très-sensible, car elle n'est pas ac-
» cordée à tout le monde. Le Maure instruisit de
» nouveau le chef sur ce que j'avais dessein de
» faire; il ajouta qu'étant très-pauvre, je réclamais
» l'hospitalité. Le chef, qui avait écouté très-at-
» tentivement, dit qu'en attendant qu'il se présen-
» tât une occasion pour aller à Tombouctou, route
» de mon pays, il fallait que je restasse chez le

» schérif, qui, en sa qualité d'homme riche et de
» parent du prophète, se ferait un devoir de me
» bien traiter. Mais ce chef nègre exigea qu'avan
» de le quitter, je lui répétasse moi-même l'histoire
» que j'avais racontée le matin.

» Mon nouvel hôte ne fut pas très-flatté de
» la charge que lui imposait le chef; il s'y sou-
» mit cependant. Je visitai la maison que je devais
» occuper (chez Ali-Haggi-Mohammed) pendant
» quelques jours : le premier étage se composait
» de plusieurs galeries semblables à celles où j'é-
» tais logé, de deux petits cabinets où était dépo-
» sée l'eau dans des vases en terre, et d'une
» petite cour de plain-pied avec cet étage, qui ne
» reçoit de jour que de ce côté; le rez-de-chaus-
» sée, distribué de la même manière, servait de
» magasins pour garder le riz et le mil, et d'é-
» curie pour un cheval. Ces magasins étaient
» éclairés en partie par une seconde cour située
» derrière la maison, et par une ouverture grillée,
» pratiquée dans la cour du premier étage. La
» galerie que j'occupais était la plus commode et
» la plus propre; on y montait par deux escaliers
» en terre, beaucoup mieux faits et plus solides
» que celui de la chambre que j'avais habitée en
» arrivant à Jenné : l'un de ces escaliers se trouvait
» à la porte d'entrée, et l'autre dans la cour du
» fond. Les magasins du Haggi-Mohammed étaient
» pleins de sacs de marchandises; quelques-unes
» des portes fermaient à clef avec un cadenas de

» fabrique européenne. La cour du premier étage
» était en partie fermée aux quatre coins; des
» morceaux de bois posés sur les murs, à petite
» distance les uns des autres, et recouverts avec
» de la terre, forment une espèce de terrasse,
» ayant tout autour un parapet plus élevé, et sur
» laquelle on monte par un petit escalier d'une
» douzaine de marches. Les Maures et même les
» Nègres ont l'habitude de se rassembler le soir
» sur cette terrasse pour y souper... J'allai me
» promener au marché pour l'examiner : je fus
» étonné de la quantité de monde que j'y trou-
» vai; il était très-bien fourni de tout ce qui est
» nécessaire à la vie. Il y a un concours continuel
» d'étrangers et d'habitants des villages environ-
» nants qui viennent vendre leurs denrées, ache-
» ter du sel et autres marchandises. On y voit plu-
» sieurs rangées de marchands et de marchandes.
» Quelques-unes ont de petites palissades en paille
» pour se préserver de l'ardeur du soleil; elles
» mettent par-dessus une pagne qui forme une
» cabane. Leurs marchandises sont étalées dans
» des corbeilles posées sur de grands paniers
» ronds. Autour du marché on voit des boutiques
» assez bien garnies en marchandises d'Europe,
» qui se vendent très-cher; beaucoup de toiles de
» coton, indiennes, guinées, écarlates, quincaille-
» ries, pierres à feu, etc. Presque tous ces objets
» me parurent de fabrique anglaise. J'ai vu quel-
» ques fusils français, fusils qui sont très-estimés;

» on y vend aussi des verroteries, du faux ambre
» et du faux corail, du soufre en petits bâtons, et
» de la poudre à canon, qu'on m'a dit être fabri-
» quée dans le pays... Cette poudre ne fait pas une
» forte explosion; ils estiment beaucoup plus la
» nôtre... Quelques bouchers sont établis dans le
» marché; ils étalent leur viande comme en Eu-
» rope, ils enfilent aussi dans des brochettes de
» petits morceaux de chair qu'ils font sécher à la
» fumée et qu'ils vendent en détail. Il y a dans ce
» marché beaucoup de poisson frais et sec; des
» pots en terre, des calebasses, des nattes, et le sel
» que l'on vend en détail, car celui que l'on vend
» en gros reste dans les magasins. On voit dans les
» rues une infinité de marchands portant leurs
» marchandises et les criant comme on fait en
» Europe : ce sont des étoffes du pays, des effets
» confectionnés, noix de colat, miel, beurre vé-
» gétal et animal, lait, bois à brûler : ce dernier
» article est très-rare; les femmes l'apportent de
» douze à quinze milles à la ronde. Les Maures né-
» gociants qui habitent Jenné, au nombre de trente
» ou quarante, occupent les plus belles maisons;
» elles ont l'avantage d'être situées aux environs
» du marché. Ce sont eux qui font le principal
» commerce; ils s'associent plusieurs ensemble, et
» ont de grandes embarcations qu'ils expédient,
» pleines de denrées indigènes, à Tombouctou. Les
» anciens voyageurs nommaient Jenné le pays de
» l'or; le fait est que les environs n'en produisent

» pas; mais les marchands de Bouré et les Man-
» dingues du pays de Kong en apportent fréquem-
» ment; c'est une des branches du commerce de
» ces riches négociants. Ils s'occupent aussi de la
» traite des esclaves. Ceux de ces pauvres miséra-
» bles que j'ai vus chez les Maures de Jenné (et ils
» en ont tous un grand nombre) ne sont pourtant
» pas les plus à plaindre; ils sont bien nourris, bien
» habillés, et ne travaillent pas beaucoup. La ville
» de Jenné peut avoir deux milles et demi de tour;
» elle est entourée d'un mur en terre assez mal
» construit, ayant dix pieds d'élévation et quatorze
» pouces d'épaisseur; il y a plusieurs portes, mais
» elles sont toutes petites; les maisons sont con-
» struites en briques cuites au soleil. Le sable de
» l'île de Jenné est mêlé d'un peu d'argile; on
» l'emploie à faire des briques d'une forme ronde,
» mais assez solides. Les maisons sont aussi grandes
» que celles des villageois en Europe. La plupart
» ont un étage, comme celle de Haggi-Mohammed,
» que j'ai décrite. Elles sont toutes à terrasse, n'ont
» pas de fenêtres à l'extérieur, et les chambres ne
» reçoivent d'air que par une cour intérieure;
» leur unique entrée, d'une grandeur ordinaire,
» est fermée par une porte en planches assez épais-
» ses, qui m'ont paru être sciées. Cette porte ferme
» en dedans avec une double chaîne de fer, et en
» dehors avec une serrure en bois fabriquée
» dans le pays (quelques-unes sont en fer). Les
» chambres sont toutes longues et étroites; les

» murs, surtout à l'extérieur, sont très-bien crépis
» en sable, car ils n'ont pas de chaux. Chaque mai-
» son a un escalier pour conduire sur la terrasse;
» mais il n'y a pas de cheminées, et, assez souvent,
» les esclaves font leur cuisine en plein air. Les
» rues ne sont point alignées, mais assez larges
» pour un pays où l'on ne connaît pas l'usage des
» voitures. On peut y passer huit ou neuf personnes
» de front; elles sont très-propres et balayées
» presque tous les jours. Les environs de Jenné
» sont marécageux et entièrement dénués d'ar-
» bres. On aperçoit, cependant, à des distances
» très-éloignées, sur de petites élévations, des
» bouquets de ronniers. Les plaines sont labou-
» rées un peu avant les pluies, et toutes ensemen-
» cées en riz, qui croît avec les eaux du fleuve.
» Les esclaves sont chargés de la culture. Sur les
» bords du fleuve, ils récoltent un peu de gombo,
» du tabac et des giraumonts. On m'a dit que, dans
» la saison des pluies, ils recueillent aussi le chou,
» la carotte, le navet d'Europe; les graines de ces
» légumes leur viennent de Tafilet. Ils coupent
» dans les marais une espèce de fourrage qu'ils font
» sécher pour nourrir leurs bestiaux. La ville de
» Jenné est bruyante et animée. Tous les jours il
» part et arrive des caravanes nombreuses de mar-
» chands, qui apportent toutes sortes de produc-
» tions utiles. Il y a à Jenné une grande mosquée
» en terre, dominée par deux tours massives et peu
» élevées; elle est grossièrement construite, quoi-

» qu'elle soit grande ; elle est abandonnée à des
» milliers d'hirondelles, qui y font constamment
» leurs nids, ce qui y produit une odeur infecte et
» a fait prendre l'habitude de faire la prière dans
» une petite cour extérieure. La ville est ombragée
» par quelques baobabs, mimosas, dattiers et ron-
» niers. Jenné contient beaucoup d'étrangers éta-
» blis, Mandingues, Foulahs, Bambaras et Maures.
» On y parle les langues propres à ces quatre tribus,
» et de plus un dialecte particulier, appelé *kissour*,
» qui est la langue adoptée jusqu'à Tombouctou.
» La population peut s'évaluer de huit à dix mille
» habitants. Cette ville était anciennement seule et
» indépendante ; mais aujourd'hui elle fait partie
» d'un petit royaume dont Ségo-Ahmadou est le
» chef. Celui-ci est Foulah de nation, et musulman
» fanatique, mais grand conquérant. Ceux des ha-
» bitants qui ne veulent pas se soumettre à la reli-
» gion du prophète lui paient de légers tributs. »
Il a établi sa capitale de l'autre côté du fleuve, et
il l'a nommée El-Lamdou-Lillahi (à la louange de
Dieu). « Il y a établi des écoles publiques où tous
» les enfants vont étudier gratis. Les hommes
» ont aussi des écoles suivant les degrés de leurs
» connaissances.

» Les habitants de Jenné sont très-industrieux ;
» ce ne sont plus ces nègres bruts et sauvages que
» j'ai vus habitant dans le sud ; ce sont des hommes
» intelligents, qui font travailler leurs esclaves
» par spéculation, tandis que, parmi les hommes

» libres, les riches s'adonnent au commerce, et les
» plus pauvres à divers métiers. On y trouve des
» tailleurs, qui font des habits que l'on envoie à
» Tombouctou; des forgerons, des maçons, des
» cordonniers, des porte-faix, des emballeurs et
» des pêcheurs; ici tout le monde se rend utile.
» Tous les habitants de Jenné sont mahométans;
» les Foulahs sont les plus fanatiques : ils ne per-
» mettent pas l'entrée de leur ville aux infidèles;
» et quand les Bambaras idolâtres viennent à
» Jenné, ils sont obligés de faire la prière, sans
» quoi ils seraient impitoyablement maltraités par
» les Foulahs, qui forment la majeure partie de la
» population. Je trouvai les habitants très-affables
» et très-doux envers les étrangers, du moins
» ceux de leur religion. Ils ont plusieurs femmes,
» qu'ils ne maltraitent pas comme les nègres si-
» tués plus au sud; elles sortent sans être voilées;
» cependant elles ne mangent jamais avec leurs
» maris, ni même avec leurs enfants mâles.

« Les Jennéens n'ont pas d'autre écriture que celle des Arabes; presque tous peuvent la lire, mais peu en connaissent la signification : il y a, pour les jeunes gens, des écoles qui sont tenues comme celles que j'ai déjà décrites. Lorsque les enfants n'ont plus rien à apprendre dans ces écoles, on les envoie à El-Lamdou-Lillahi. Lorsqu'ils savent le Coran par cœur, ils passent pour des hommes savants; alors ils retournent dans leur pays, et s'adonnent au commerce. Les habitants de Jenné se nourrissent très-bien. Ils mangent du riz qu'ils font cuire avec de la viande fraîche, car il y en a tous les jours au marché ; ils font avec le petit mil du couscous, qu'ils mêlent avec du poisson frais ou sec, qui est très-abondant. Ils assaisonnent assez bien leurs mets. » Le sel est beaucoup plus commun à Jenné que chez les autres peuplades que Caillié avait déjà traversées.

« Les Jennéens font ordinairement deux repas
» par jour : ils se mettent autour d'un même plat,
» et mangent en y puisant avec les mains, comme
» tous les peuples de l'intérieur. Leurs maisons ne
» sont pas meublées; ils ont des sacs en cuir pour
» mettre leurs effets, que quelquefois ils pendent
» à une corde tendue dans l'appartement. Ils cou-
» chent tous par terre, sur des nattes ou des peaux
» de bœufs tendues. Les enfants, comme les gran-
» des personnes, sont vêtus très-proprement; ils
» portent un coussabe fait d'étoffe du Soudan, le
» plus ordinairement blanc, et un pantalon qui leur
» descend jusqu'à la cheville. Les habitants de Jen-
» né portent une chaussure; ils ne vont jamais
» pieds nus, pas même les enfants ni les esclaves
» leurs souliers, faits avec assez de goût, ressem-
» blent aux pantoufles d'Europe.

» La coiffure du pays la plus élégante est un
» bonnet rouge recouvert d'un grand morceau de
» mousseline, qu'ils s'arrangent autour de la tête
» en forme de turban. Les femmes portent aussi
» un coussabe; mais elle mettent une pagne par-

» dessous. J'en ai vu plusieurs avec des sandales ;
» elles tressent leurs cheveux, ont des colliers de
» verroterie, d'ambre et de corail, des boucles
» d'oreilles en or ; elles portent aussi au cou des
» plaques de ce métal, fabriquées dans le pays.
» J'ai vu quelques femmes avec un anneau au nez ;
» elles ont toutes le nez percé ; celles qui ne sont
» pas assez riches pour y passer un anneau le rem-
» placent par un morceau de soie rose. Elles por-
» tent des bracelets en argent de forme ronde ;
» à la cheville, elles mettent un cercle large de
» quatre doigts qui la cache tout-à-fait. Ce cercle
» est très-plat et de fer argenté. »

Le trajet de Jenné à Tombouctou fut très-pénible ; Caillié y arriva enfin heureusement au moment où le soleil touchait à l'horizon. « Je voyais donc,
« dit-il, cette capitale du Soudan qui, depuis si
» longtemps, était le but de tous mes désirs. En
» entrant dans cette cité merveilleuse, objet des
» recherches des nations civilisées de l'Europe, je
» fus saisi d'un sentiment inexprimable de satisfac-
» tion. Je n'avais jamais éprouvé une sensation
» pareille, et ma joie était extrême. Mais il fallut
» en comprimer les élans, ce fut au sein de Dieu
» que je confiai mes transports. Avec quelle ar-
» deur je le remerciai de l'heureux succès dont il
» avait couronné mon entreprise ! Que d'actions
» de grâces j'avais à lui rendre pour la protection
» éclatante qu'il m'avait accordée, au milieu de
» tant d'obstacles et de périls qui paraissaient in-

« surmontables! » La ville n'offre, au premier aspect, qu'un amas de maisons en terre, mal construites. Dans toutes les directions on ne voit que des plaines immenses de sable mouvant, d'un blanc tirant sur le jaune, et de la plus grande aridité. Le ciel à l'horizon est d'un rouge pâle; tout est triste dans la nature; le plus grand silence y règne. On n'entend pas le chant d'un seul oiseau. Cependant il y a je ne sais quoi d'imposant à voir une grande ville élevée au milieu des sables, et l'on admire les efforts qu'ont eu à faire ses fondateurs. Caillié fut reçu avec bonté par Sidi-Abdallahi. A Tombouctou, les nuits sont aussi chaudes que les jours. Un grand désappointement refroidissait un peu dans l'esprit du voyageur le bonheur de la découverte. La ville de Tombouctou ne justifie pas sa haute renommée; sa population n'est pas très-nombreuse; le commerce est loin d'être aussi actif qu'à Jenné. Le major Laing avait devancé Caillié à Tombouctou; mais ce malheureux voyageur avait été assassiné à son retour. Cet exemple terrible engageait celui qui lui succédait à redoubler de prudence. «'La ville de Tombouctou est
» habitée par des nègres de la nation Kissour;
» ils font la principale population. Beaucoup de
» Maures se sont établis dans cette ville, et s'y
» adonnent au commerce... Lorsqu'ils ont fait for-
» tune, ils retournent dans leur pays... Ils ont
» beaucoup d'influence sur les Indigènes; cepen-
» dant le roi ou gouverneur est un nègre. Ce prince

» se nomme Osman; il est très-respecté de ses su-
» jets et très-simple dans ses habitudes; rien ne le
» distingue des autres. Son costume est semblable
» à celui des Maures du Maroc; il n'y a pas plus de
» luxe dans son logement que dans celui des
» Maures commerçants. Il est marchand lui-
» même, et ses enfants font le commerce de
» Jenné : il est très-riche; ses ancêtres lui ont
» laissé une fortune considérable. Il a quatre
» femmes et une infinité d'esclaves; il est maho-
» métan zélé. Sa dignité est héréditaire... Le roi
» ne perçoit aucun tribut sur le peuple ni sur les
» marchands étrangers; cependant il reçoit des
» cadeaux. Il n'y a pas non plus d'administration :
» c'est un père de famille qui gouverne ses enfants;
» il est juste et bon et n'a rien à craindre de ses
» sujets... En général, ces peuples paraissent
» très-doux. » Caillié fut reçu par le prince ré-
gnant de Tombouctou; il le trouva assis sur une
belle natte avec un riche coussin. « Osman lui
» sembla d'un caractère affable; il pouvait avoir
» cinquante-cinq ans; ses cheveux étaient blancs
» et crépus; il était de taille ordinaire, avait une
» belle physionomie, le teint noir et foncé, le nez
» aquilin, les lèvres minces, une barbe grise et
» de grands yeux. »

La ville de Tombouctou peut avoir trois milles
de tour; elle forme une espèce de triangle; les
maisons sont grandes, peu élevées, et n'ont qu'un
rez-de-chaussée. » Tombouctou renferme sept mos-

» quées, dont deux grandes qui sont surmontées
» chacune d'une tour en briques... Elle contient
» au plus dix ou douze mille habitants... Quoique
» l'une des plus grandes villes de l'Afrique, elle
» n'a d'autres ressources que son commerce de
» sel, son sol n'étant aucunement propre à la cul-
» ture; c'est de Jenné qu'elle tire tout ce qui est
» nécessaire à son approvisionnement... Le com-
» merce de Tombouctou est considérablement gêné
» par le voisinage des Touariks, nation belliqueuse
» qui rend les habitants de cette ville tributaires. »
La disette accablerait ses habitants, s'ils s'opposaient au passage des flottilles qui partent de Cabra (port qui conduit à Tombouctou) chargées des marchandises de Jenné.

Nous laissons ici le voyageur. Toubouctou était le terme de son ambition, il y est arrivé, il en est revenu et a pu raconter lui-même l'histoire de cette périlleuse entreprise. La constance de Caillié, le succès de son excursion en Afrique, ont à jamais illustré son nom, et il a recueilli en France des suffrages qui l'ont récompensé de ses longues souffrances.

LE CAP.

Il est bien rare d'aborder au Cap sans qu'une tempête vous y accompagne. La montagne de la

Table domine le mouillage offert aux vaisseaux européens. False-bey sert de rade, d'avril en septembre, Table-bay, de septembre en avril, l'un étant abrité contre les vents d'ouest, le second contre les vents d'est qui règnent tour-à-tour.

Le Cap est un lieu de relâche pour les navires qui vont dans l'Inde ou à Bourbon. Une fois les risques de l'entrée franchis, on est enchanté du séjour de cette colonie. Les usages anglais, hollandais, et même français, se trouvent, dans les diverses sociétés du pays, mêlés aux habitudes des régions tropicales. La même anomalie se montre dans la végétation : le châtaigner, le pommier, croissent à côté du bananier, et les vignobles renommés du Cap livrent au commerce les vins de Constance, de Frontignan, pendant que des champs couverts de cannes à sucre, de cotonniers, de café, enrichissent d'autres parties du sol. Des légumes de toute espèce, l'orge, le blé, l'avoine et le chanvre récompensent les soins des cultivateurs. En fleurs, le pays est également favorisé; les ixies, les iris, les morées, les hémanthes, les géraniums, la crassule et les stupélui ont été apportés du Cap en Europe.

Une régularité parfaite a présidé au plan de la ville. Les maisons, soigneusement peintes à l'extérieur, parfaitement tenues au-dedans, ont toutes des toits à l'italienne, en forme de terrasse, et sur le devant, un perron avancé où les femmes passent leur soirée à l'air, dans les plus élégants costumes.

Une population nombreuse anime la ville; les environs sont divisés en jardins, et en fermes exploitées par des propriétaires intelligents.

On voit arriver à la ville de lourds chariots conduits par des bœufs : ce sont les approvisionnements journaliers qui se transportent ainsi. En légumes, en fruits et surtout en viandes, la consommation est immense dans le chef-lieu de la colonie. Tous les monuments de nos grandes villes se retrouvent au Cap : un hôtel-de-ville, une salle de spectacle, une bibliothèque dépourvue de livres et de lecteurs, un palais-de-justice et des temples protestants; rien n'y manque. Une des salles de l'hôtel-de-ville est décorée d'une singulière façon : on suspend à ses colonnes la cotte de mailles, l'écusson et l'épée des hommes importants qui meurent dans la colonie. Cet usage semble assez disparate avec la profession commerciale de presque tous les habitants du Cap-de-Bonne-Espérance.

LE BRÉSIL.

Un bras de mer s'est ouvert un passage à travers d'énormes rochers de granit, les vaisseaux suivent cette route et débouchent dans un vaste port dont les eaux, d'un bleu sombre, baignent les rivages de Rio-Janeiro. On se croirait sur un beau lac. Les bords en sont couverts de végétation. La ville est dominée par de hautes montagnes d'aspect sévère, échelonnées dans un espace étendu. Autour du rivage se montrent de riantes maisons, des églises, des forts, des chapelles isolées çà et là sur des monticules, dans leurs ceintures, des jardins. Toutes ces constructions se détachent sur le fond sombre des montagnes gigantesques qui bornent la vue de Rio-Janeiro. Les moyens de défense multipliés dans la rade rendent presque fabuleuse la victoire remportée en ce lieu par Duguay-Trouin en 1711; ni l'artillerie du fort, ni l'escadre portugaise, ne purent empêcher l'intrépide marin de pénétrer dans la rade. Il bombarda la ville et ne la rendit que sous rançon; cependant, telle qu'elle s'offre encore aux regards, Rio-Janeiro semble située dans une position inexpugnable.

On arrive. La ville, partagée par le champ Sainte-Anne, se divise en ville neuve et en vieille ville. Elle contient sept paroisses, dont la principale est Saint-Sébastien, chapelle impériale desservie par des chanoines; Notre-Dame-de-la-Chandeleur est remarquable par son architecture riche et grandiose. Des couvents et des séminaires témoignent en faveur de la piété des Brésiliens.

Le quartier le plus animé de la ville est celui des négociants et de la douane ; c'est un vrai bazar. On n'y voit que transport de marchandises, acheteurs, nègres, commissionnaires qui chantent et portent, en marchant en mesure, des fardeaux suspendus à de longues perches dont les extrémités sont appuyées sur leurs épaules. Des Européens, la plupart Portugais, des mulâtres, des nègres libres et esclaves, forment, avec les Brésiliens, la population de Rio-Janeiro, qui s'élève à 140,000 habitants à peu près. L'indolence des propriétaires du sol laisse passer entre des mains étrangères tous les avantages des échanges et de l'exploitation des produits indigènes. Les marchands étrangers affluent à Rio, et l'exploitation des mines, les cultures et la recherche des pierres précieuses sont souvent sous la direction des étrangers. Beaucoup d'Anglais ont fait de grandes entreprises au Brésil. Les magasins de luxe sont tenus par des Français. Toilettes, ameublements, viennent presque toujours de Paris. Énervés par le climat, les Brésiliens jouissent mollement des inventions de l'industrie d'outre-mer; la vie désœuvrée leur plaît uniquement : manger, sortir à cheval, ou en palanquin, suffit pour remplir leurs journées. On ne voit presque jamais les femmes dehors; renfermées dans des appartements somptueux, elles passent de longues heures étendues sur des canapés recouverts de nattes. Des fleurs, un oiseau, les récréent suffisamment dans cette solitude. Aux modes empruntées à la France, elles ajoutent une immense quantité de pierreries, souvent en grand désaccord avec la toilette de négligé, dont l'ensemble offre toujours une profusion dénuée de goût.

Le poisson, le gibier, les fruits et les légumes,

le pain de froment et le riz, composent la nourriture habituelle des Brésiliens. Malgré la multiplicité des bestiaux nourris dans les plaines, le bœuf est fort mauvais au Brésil. Ces animaux ne reçoivent aucun soin; ils paissent en troupes dans les pâturages, où ils vivent au hasard; pour les tuer, on les chasse, et leur chair maigre est d'un goût demi-sauvage tout à fait désagréable.

Tous les climats, toutes les températures, se trouvent dans le Brésil. Les limites de l'empire sont incertaines et variables : c'est seulement sur les côtes que les établissements importants se trouvent, et les parties de l'intérieur sont encore dans toute leur magnificence native. Entre les montagnes qui environnent Rio-Janeiro se trouvent des vallées délicieuses par la richesse de leur végétation et la variété des animaux qui peuplent ces solitudes. Dans le voisinage de la baie, ce sont aussi de nombreuses îles où les naturalistes vont approvisionner les musées de magnifiques collections d'insectes. Les papillons sont d'une rare beauté, et leur variété est innombrable. Quand on connaît d'avance les habitudes des oiseaux que l'on cherche, il est facile de les rencontrer. « Chaque famille a ses localités propres où elle semble se plaire davantage. Ainsi les alentours de la baie où les montagnes sont peu élevées, les bois moins touffus, le terrain cultivé, et où l'on voit des fermes éparses, sont habités par les jolis guit-guits bleus, les pit-pits verts, les tangaras, dont le plu mage, d'un bleu rouge, contraste avec la sombre verdure du feuillage; ceux non moins brillants qu'on nomme évêques et archevêques, les très-petites tourterelles, et dans les jardins, autour des bananiers et des passiflores, bourdonnent de charmants oiseaux-mouches, parmi lesquels on distingue le hippe-col, qu'à sa petitesse on prendrait pour un insecte.

Le Brésil est divisé par une chaîne de montagnes dont l'élévation moyenne est de quatre cents pieds. Les nombreuses rivières qui sortent de ces montagnes vont déverser leurs eaux dans l'Atlantique. Comme les courants passent à travers les mines, on recueille fréquemment des parcelles d'or dans les eaux de ces rivières.

Villa-Rica sert d'entrepôt à toutes les exploitations de la province. Il y a du plomb dans la rivière de Francisco, du cuivre à Santo-Domingo, du manganèse à Paraopaba, du platine dans le lit de plusieurs cours d'eau; du vif-argent, de l'arsenic, du bismuth, de l'antimoine, près de Villa-Rica; des diamants à Abaïté et à Tejuco; des topazes blanches, jaunes et bleues, des aigues-marines, des grenats, des améthystes, à Minas-Novas. — Au lieu de cultiver le sol fécond qui recouvre ces trésors, les capitalistes se ruinent en travaux, les pauvres mendient où vont tenter la fortune dans les ruisseaux aurifères.

On recueille l'or, soit en ramassant avec une écuelle de bois le sédiment des rivières ou en faisant éclater le roc avec de la poudre ou du feu, ou bien en broyant les fragments du roc dans un moulin destiné à cet usage. On dirige aussi les cours d'eau dans les montagnes aurifères, et on a soin de faire courir le ruisseau sur un lit argileux. Alors les nègres, habitue ement employés aux lavras établis au bas de la montagne, recherchent les parcelles d'or, et reçoivent leur salaire en proportion de ce qu'ils ont trouvé de métal. La montagne de Villa-Rica, exploitée par l'eau et par le feu, ressemble à un rayon de miel, par l'aspect des trous pratiqués de son sommet à sa base, pour atteindre les veines productives. Il est à remarquer que ce genre d'exploitation devient chaque jour moins productif par l'épuisement des veines de métaux.

Une surveillance qui va jusqu'à la cruauté est exercée contre les esclaves attachés au service des mines. On a vu des nègres avaler des diamans pour les soustraire à leur maître, et s'en faire un moyen de fortune personnelle; mais, au moindre soupçon d'un pareil vol, des matrones obligent les travailleurs à prendre de fortes décoctions médicales qui les forcent à rendre ce qu'ils ont avalé.

C'est près de Marina, ville située à trois lieues environ de Villa-Rica, que commence le district diamantin. Une partie de la route qui y conduit est stérile. Le bourg de Villa-do-Principe se trouve sur les confins du Cerro-do-Frio. Pour se rendre de là à Tejuco, les voyageurs deviennent l'objet de la plus inquisitive surveillance. S'ils quittent un instant la grande route, ils doivent rendre compte de leurs moindres démarches, et les interrogations sont souvent suivies de fouilles très-minutieuses.

Expliquer les moyens employés pour l'exploitation des mines de diamants nous entraînerait dans des longueurs. De noirs esclaves travaillent à cette minutieuse recherche sous la direction d'inspecteurs qui sont surveillés à leur tour par des employés en chef. On conçoit que, pour une matière que son immense valeur, sous un petit volume, rend si facile à soustraire aux regards, il faille les précautions les plus ingénieuses. Les diamants appartiennent exclusivement à la couronne du Brésil; autrefois c'était au Portugal. Cependant un esclave qui trouve une de ces pierres pesant dix-sept carats et demi recouvre sa liberté, est habillé de neuf et peut travailler pour son compte. Des primes proportionnelles sont accordées aux individus qui rencontrent des diamants d'une valeur moins considérable. Depuis le lever du soleil jusqu'à son coucher, les esclaves cherchent, dans les barrages faits exprès, le diamant, qui se trouve ordinairement dans une espèce d'enveloppe noirâtre formée d'une sorte de substance ferrugineuse contenant aussi, souvent, plusieurs grains d'or. On dépouille soigneusement la pierre pour la peser et l'inscrire sur le registre du trésor. Les lavages produisent annuellement vingt mille carats, et l'on en fraude une grande quantité. Dans les mines d'or exploitées par des entreprises particulières, les propriétaires doivent aussi, lorsqu'ils trouvent des diamants, les remettre au trésor. La poudre d'or est apportée également à des officiers nommés par la couronne; ils prélèvent un cinquième du poids au profit du gouvernement; le reste est fondu en lingots, marqué d'un sceau particulier, et remis au propriétaire avec un certificat de leur valeur. Cependant une grande quantité de poudre d'or arrivait autrefois en fraude à Bahia et à Rio-Janeiro. Pour empêcher ce commerce illicite, on établit des postes militaires sur toutes les routes. Les voyageurs sont visités, et s'ils se trouvent en contravention, ils voient leurs biens confisqués, et l'exil en Afrique est souvent joint à cette première mesure rigoureuse. Une grande ignominie est attachée au nom de fraudeur; ce point d'honneur est, vu la difficulté de la surveillance, la meilleure garantie du gouvernement.

Des hommes, connus sous le nom de grimperos, se font cependant un métier d'une aussi dangereuse industrie. Par leur adresse à voyager à travers le pays, il est passé en Europe pour 48 millions de francs de diamants depuis la découverte des mines; ce qui s'écoule de poudre d'or n'est pas aussi facile à s'apprécier, mais doit atteindre la même valeur.

Les grimperos, errant dans des contrées peu connues, finissent ordinairement, après des fatigues et des périls inouïs, par rencontrer des pierres d'un prix considérable. Une fois cette découverte faite, s'ils ont su échapper aux vengeances que les Indiens exercent dans les solitudes sur les individus isolés, ils doivent tout craindre de la part des surveillants des postes. La prison à vie et les plus durs traitements les puniront de leur fraude, si on les surprend. On a vu, au contraire, des malfaiteurs, parvenus à échapper au supplice, s'attacher à la recherche des pierres précieuses, et obtenir leur grâce en rapportant volontairement leur butin. Le plus gros diamant de la couronne de Portugal a été trouvé ainsi. Pendant six années entières, deux condamnés s'appliquèrent à la recherche de quelque trésor; ils éprouvèrent des fatigues, des privations incroyables, pendant cette longue recherche. A la fin, près de Goyaz, dans le lit desséché d'un petit ruisseau nommé Abaïtè, ils trouvèrent un diamant du poids d'une once. Ils vinrent à Villa-Rica, où ils présentèrent leur trésor au gouverneur, en échange de lettres de grâce pour la peine qu'ils avaient encourue.

Le sort des esclaves est moins malheureux au Brésil que dans les autres parties de l'Amérique. Au lever du soleil, le travail des champs commence; la fraîcheur, que les Européens recherchent, est pour les nègres une température froide qui les engourdit. On les voit se traîner lentement au pied des cannes à sucre ou dans les autres plantations, sans que les menaces ou la voix des surveillants parvienne à les animer, tant que le soleil ne donne pas toute sa chaleur. La journée se passe entre le travail, le repas et le sommeil. Quand vient le soir, le nègre rentre chez lui, dans sa cabane, où il redevient le maître, le chef de sa famille. Si, par un usage assez général, on lui a donné une portion de terre pour lui, le nègre, tout à l'heure si paresseux pour son maître, va donner des soins très-actifs à sa propriété. Il veille avec le même zèle aux cochons, à la volaille qu'il élève pour les vendre à la ville. N'ayez pas peur qu'il se laisse entraîner à manger par fantaisie le produit qu'il peut réaliser en argent. Avec ce produit il compte acheter sa liberté; chaque jour le rapproche du but souhaité. Quelquefois le dégoût de la vie s'empare d'un nègre, au point qu'il se laisse mourir de faim. Tombé en cet état, rien ne peut le résoudre à revenir sur sa résolution; la puissance du maître cesse là. L'esclave périra sous ses yeux, sans égard pour les offres ou les prières qui lui sont faites.

La traite des nègres, il faut le dire, est toujours un objet de commerce pour le Brésil. Deux cents vaisseaux font annuellement le voyage des côtes, et n'en rapportent pas moins de quarante mille esclaves. Trop de personnes influentes dans le gouvernement sont intéressées aux immenses profits de ce trafic, pour que les officiers de marine fassent franchement la guerre aux négriers.

On m'a conté que, dans une posada du Brésil, vivait un jeune ménage, qu'un singulier enchaînement de circonstances avait réuni. Voici le fait : un vieillard, possesseur de quelque bien, maria sa fille, en dépit de sa volonté, à un homme âgé et d'humeur difficile. La pauvre fille avait inutilement cherché à émouvoir son père, en le conjurant de lui permettre de renoncer au mariage pour habiter près de lui ; il avait fallu céder et épouser l'homme choisi par la volonté paternelle. Moins de trois jours après cette union, le nouveau marié étant allé se promener dans un bois, rentra marchant avec peine ; les convulsions le prirent : un serpent l'avait mordu. Avant le soir, la jeune mariée était veuve. Heureusement pour elle, dans cette catastrophe, elle restait héritière de tout le bien de son mari : cela ne faisait pas une grande fortune, mais au moins une fort honnête aisance. Le sort rompait cet hymen ; le père n'avait rien à dire. Néanmoins il voulut encore s'occuper d'établir sa fille, et lui choisir, comme de raison, un bon parti. Un prétendu plus riche, mais encore plus désagréable que le défunt, fut présenté à la veuve. Mille débats s'ensuivirent. Le père etait impérieux ; il insista, et une seconde fois la jeune femme donna sa main, sans aimer l'homme qu'elle épousait. En peu de jours, le mari se mit au fait des propriétés de sa femme, et prit la direction des travaux agricoles qu'elles exigeaient. Son devancier avait commencé un défrichement dans les bois ; il en approuva le plan, et résolut de le continuer. C'était la saison pluvieuse, celle où les insectes causent d'insupportables piqûres ; aussi, avant de partir avec les esclaves, le mari s'empara-t-il d'une paire de bottes faites en peau de boa, et qui devait le préserver de cet inconvénient. Ces mêmes bottes avaient été portées par le premier mari de sa femme. C'était vraiment une grande bonté de la part du pauvre homme, pensa-t-il en souriant, d'avoir légué avec ses propriétés toutes les commodités imaginables. La chaussure lui allait à merveille : il partit joyeux.

Pendant qu'il suivait les progrès du défrichement, une douleur sourde se fit sentir à son pied. Le mal s'étendit à la jambe, puis, la souffrance devenue plus insupportable, il reprit le chemin de sa maison, où il rentra pour mourir. Bien qu'elle n'eût pas été satisfaite des choix de son père, la jeune femme éprouva un grand effroi de cet événement, dont personne ne devina la cause. Néanmoins, le père s'entête à vouloir prendre un troisième gendre, et la même aventure s'ensuit exactement. La campagne de la veuve était loin de la ville ; aucun homme expert ne vint constater les causes de ces accidents. Seulement, comme ces différents maris périrent tous trois enflés et le corps violet, les esclaves se disaient entre eux : « Ce maître-là a encore été empoisonné. » Par qui? nul ne le savait. La supposition se répandit ; elle acquit une prompte certitude, et les soupçons planèrent sur la veuve. A l'air que ses anciens amis prirent avec elle, il lui fut facile de voir qu'elle était devenue un objet d'effroi pour eux, et le sujet des caquetages mystérieux de tous. Son père même gardait le silence sur les événements passés, et semblait craindre de séjourner dans la maison de sa fille. Après l'obéissance aveugle que la jeune femme avait montrée à ses volontés, cette conduite l'affligea vivement. Si elle tentait une explication, son père rompait aussitôt l'entretien, et, à peine entré, parlait de partir sans avoir accepté un verre d'eau dans cette maison maudite. Malgré sa richesse, la veuve n'était un objet d'envie pour personne, et aucune mère, si infortunée qu'elle fût, n'aurait voulu permettre à son fils de la rechercher en mariage. Victime innocente de ces injustes préventions, la jeune femme quitta un jour sa demeure, et partit pour aller habiter Bahia, la ville la plus proche de ses propriétés. Une vieille esclave qui avait autrefois demeuré à Bahia accompagnait la veuve. Elle pourvut à tous les soins d'installation, et répondit avec assez d'adresse aux questions qu'on lui faisait sur la nouvelle-venue, pour écarter toute prévention désavantageuse. Sa maîtresse était veuve; elle ne disait pas de combien de maris; le chagrin lui avait fait abandonner sa demeure, et la retenait éloignée de toute relation. Si on lui parlait de sa fortune, elle répondait que ses vêtements, ses bijoux et la tenue de sa maison suffisaient bien pour affirmer que l'argent ne lui manquait pas, mais qu'elle n'avait jamais compté avec sa maîtresse. En effet, les apparences annonçaient assez que la gêne intérieure ne pouvait pas faire partie des chagrins de la jeune femme. Ses sorties étaient toutes dirigées vers l'église. Elle s'y faisait porter en palanquin avec une grande régularité, et rentrait aussitôt chez elle. Un jeune marchand qui demeurait en face de Graça, chapelle consacrée à saint Benoît, suivait d'un œil curieux les démarches de la belle veuve. A la voir si pieuse, si désolée, en même temps montrant une certaine opulence dans ses habitudes, il conçut une grande affection pour elle, et chercha bientôt à attirer ses regards. Afin d'y parvenir, il fit quelques libéralités à la négresse, lui parla de ses sentiments pour celle qu'elle servait, et témoigna un vif désir de la voir. La vieille femme se fit longtemps prier, puis elle promit au marchand d'amener la belle veuve choisir des étoffes chez lui; mais elle lui dit d'être fort réservé, parce que sa maîtresse ne serait prévenue de rien. Quelques jours après, l'esclave fit entendre à la jeune veuve qu'il était temps qu'elle quittât le deuil et prît des habits nouveaux. Avec le vêtement disparaîtrait tout souvenir de ses infortunes passées : la convenance et la prudence exigeaient d'elle ce changement. La jeune femme se laissa persuader; puis elle ajouta que, ne connaissant personne à Bahia, elle ne savait où s'adresser pour faire ses emplettes. Faute d'oser se confier à quelqu'un, ses récoltes passées étaient encore à vendre : elle tâcherait d'arranger ensemble ces deux affaires. — Vraiment, dit la négresse, comme s'il lui arrivait une inspiration subite, j'ai remarqué plus d'une fois le marchand qui demeure en face de Graça ; c'est un homme de bonne mine, dont la maison est fort achalandée; il faut venir chez lui pour les étoffes ; il vous donnera de bons conseils quant au reste. — La jeune veuve s'y rendit. Elle fut accueillie par le marchand avec une distinction qui la flatta infiniment. Tout en examinant les objets de fantaisie, elle hasarda timidement quelques questions sur les moyens de se défaire des denrées qu'elle possédait. Le marchand offrit de s'en rendre acquéreur. Ce commencement d'affaire lui ouvrait l'entrée de la maison ; il sut en profiter, et ne tarda pas à y rendre sa présence agréable à la jeune Brésilienne. Cependant, aussitôt que le marchand essayait de faire entrevoir ses intentions, un visage sévère, des paroles froides, repoussaient bien loin ses espérances. Toute tentative à ce sujet était vaine ; le marchand désolé, car il s'était vraiment attaché à la veuve, fit part de son chagrin à l'esclave, et lui dit qu'il allait renoncer à venir aussi inutilement chez une femme qui paraissait avoir le mariage en horreur. — Il faut, ajouta-t-il, que votre maîtresse regrette bien vivement son premier mari, pour lui garder une si longue fidélité. — Ne vous désolez pas, reprit l'esclave, j'irai bientôt chez vous, pour vous expliquer tout ceci ; vous verrez après ce que vous croirez devoir faire.

Le marchand se retira bien impatient de connaître le secret promis, et la négresse le trouva tout prêt à l'écouter aussitôt qu'elle arriva chez lui. — Monsieur, dit la négresse, j'ai bien peur de m'exposer à la colère de ma maîtresse en vous racontant ce qu'elle cache avec tant de soin. Mais, comme elle est malheureuse sans qu'il y ait de sa faute, j'espère que mes aveux ne vous éloigneront pas d'elle.

— D'avance je déclare me dévouer à ses intérêts pour toute ma vie.

Alors l'esclave entreprit l'histoire de la mort du premier mari : l'événement parut un coup du Ciel au jeune marchand; mais il ne voyait pas là grand motif pour l'éloigner, lui, en souvenir d'une union si peu regrettable. — Ce n'est pas tout non plus, dit encore la négresse, un autre mariage a suivi celui-là. Mon second maître est mort subitement! eh bien! le père n'a pas voulu s'en tenir là. Il nous a encore présenté un troisième mari qu'il a fallu prendre.

— Et votre maîtresse n'est pas veuve?

— Elle l'est, au contraire, et quoique cet homme n'ait pas été plus digne d'elle que les autres, ma maîtresse a bien des sujets de pleurer sa fin imprévue. Quelques jours seulement après son mariage, il a été pris de convulsions, et a succombé en peu d'heures à ses souffrances. Les méchants ont élevé des soupçons contre ma digne maîtresse; le chagrin l'a forcée de quitter sa demeure, de se cacher ici sous un nom supposé; et chaque jour sa plus grande crainte est d'être reconnue par quelqu'un qui aille la calomnier auprès de vous. Jugez si, d'après cela, elle peut vous entendre parler de mariage.

— Ah! dites-lui bien, s'écria le marchand, que lorsque toute la terre l'accuserait d'un crime, je soutiendrais, moi, qu'elle est un ange de vertu, et je me trouverais encore trop heureux de pouvoir la protéger. Quoi! c'est là sa crainte, qu'on puisse la faire passer auprès de moi pour une créature infâme! Je suis bien heureux qu'elle ait besoin d'un appui : sans cette circonstance, j'étais vraiment trop au-dessous d'elle. — Le marchand tenait déjà trop à épouser la veuve pour écouter encore les conseils de la prudence. Il ne voulut pas réfléchir sur ce qu'on lui avait appris, et ne se montra instruit des soupçons qui planaient sur la jeune femme que pour affecter le mépris qu'il faisait de semblables injustices. Touchée de son dévouement, la Brésilienne consentit à agréer ses propositions, et, reprenant courage, elle se maria une quatrième fois.

Le bruit de cette union arriva jusque dans le pays qu'elle avait quitté. On admira le courage du marchand, mais chacun lui prédisait malheur. Cependant, comme cette fois nulle contrainte n'avait déterminé le choix de la veuve, on pensa qu'elle épargnerait les jours de ce quatrième mari. Il avait bien été prouvé, lors de l'accident, que le premier était mort des suites de la morsure d'un serpent; mais depuis qu'on ne savait à quoi attribuer la fin du second, ni celle du troisième, on confondit les divers accidents de la même prévention.

Depuis deux mois environ, le jeune couple vivait en sécurité à la ville. Il plut au négociant de proposer à sa femme de faire avec elle une visite dans les propriétés qu'elle lui avait apportées en mariage. Sûre de son bonheur, confiante dans la bonne santé de son mari, la nouvelle mariée consentit à ce projet. D'ailleurs elle était bien aise de faire voir à ceux qui la soupçonnaient que sa conduite était au-dessus de leurs insinuations. Elle part. Il fallait faire une assez longue route dans les terres pour se rendre au but de leur voyage. Selon l'usage du pays, le mari était à cheval pendant le trajet, et la femme, couchée dans un hamac porté par des esclaves. D'autres nègres marchaient près de leurs maîtres, ayant sur la tête les coffres, les paquets et les provisions. Changer de temps à autre de fardeau était, avec les haltes, les moyens de repos des porteurs. Pour les maîtres, du moins, le voyage se fit sans peine. Retenu à la ville pour ses affaires, le négociant ne connaissait pas l'intérieur du pays. Il se montra charmé des diverses parties qu'il parcourut, et se promit bien de ne plus quitter le Brésil, puisqu'il y avait trouvé tous les avantages qu'un homme raisonnable pouvait souhaiter. La joie qu'elle voyait à son mari charmait la jeune femme; la fidèle négresse avait été envoyée d'avance pour préparer une réception convenable au nouveau maître du logis. A son arrivée, les esclaves parés de leurs plus beaux habits, les femmes, les bras, le cou et les oreilles surchargés d'ornements, vinrent lui offrir leurs respects. La maison s'était embellie par les soins prévoyants de la propriétaire, qui avait tout mis en œuvre pour bien recevoir son mari dans sa demeure champêtre. Au bruit de l'arrivée du jeune ménage, la curiosité s'éveilla, on voulut revoir la veuve, et comme il fallait parer d'une apparence d'affection les visites qu'on lui fit, la jeune femme se crut assez heureuse pour être disculpée des accusations naguère élevées contre elle. Cette conviction lui fit trouver du plaisir à se retrouver sur son bien, et elle projeta avec son mari d'examiner le lendemain, dans tous les détails, les bois et les cultures qui leur appartenaient. Au moment de partir pour cette tournée, le jeune négociant s'aperçut qu'il avait oublié de prendre des chaussures commodes pour aller dans les terres marécageuses et dans les bois. La négresse songea aux bottes de boa, et, les ayant proprement essuyées, elle les apporta à leur nouveau propriétaire.

— A qui ces bottes appartiennent-elles? demanda le négociant.

— Mes divers maîtres les ont tous portées, répondit la négresse. Et même, j'y pense, ils les avaient le jour de leur mort.

— Ce n'est pas là un motif pour m'empêcher de

Brésil. La dent de Serpent.

les mettre, dit gaiement le jeune homme; mais je n'ai jamais vu de peau semblable : en quoi sont-elles?

— C'est en peau de boa, continua l'esclave pendant que le négociant regardait curieusement les bottes. Tout à coup il jette un cri de joie, appelle sa femme et lui montre une dent de serpent cachée dans le talon de la chaussure. — Dans peu d'instants je mourrais à mon tour, lui dit-il, sans la découverte que je fais. Votre premier mari a été mordu par un serpent; la dent du reptile est restée dans le cuir, et a, tour à tour, empoisonné de son venin tous ceux qui ont eu l'imprudence de mettre ces bottes.

Voir son mari échapper à un tel danger, et se trouver en même temps justifiée des accusations qui l'avaient accablée, causèrent une inexprimable joie à la jeune femme. Elle appela aussitôt des témoins; il fut constaté que les bottes, imprudemment mises par les maris successifs de la Brésilienne, recélaient une dent de serpent, restée là depuis le premier accident. Chacun s'empressa d'affirmer qu'il n'avait jamais cru la jeune femme coupable des événements qui lui étaient arrivés, et rien ne troubla plus l'existence de la pauvre créature longtemps calomniée.

Quelques mots sur les autres parties du continent méridional de l'Amérique termineront cet article.

Le Paraguay est situé sur la frontière occidentale du Brésil, entre le Paraguay et le Parana. Le voisinage du docteur Francia, dictateur du pays, dont il s'est emparé, a donné lieu à mille fables sur le mystérieux possesseur du Paraguay. L'entrée du pays est interdite à tous les voyageurs. Pour avoir enfreint cette défense, M. Bonpland, célèbre naturaliste français, est resté de longues années gardé à vue dans la résidence du docteur Francia. Un charlatanisme mêlé de quelque talent sert à maintenir son pouvoir; il fait de l'astrologie et dupe ses simples sujets en ayant l'air de consulter longtemps les astres avant de prendre une détermination. Ces formalités remplies, l'arrêt rendu tourne toujours au profit du despotisme dictatorial.

L'Assomption, capitale du Paraguay, n'offre pas un grand intérêt descriptif: ses rues sont inégales, ses maisons basses et souvent bâties en terre. Si des changements avantageux ont eu lieu, les voyageurs ne peuvent pas l'annoncer, parce que le Paraguay est fermé à leur investigation. Le principal objet de commerce du pays est l'yerba, thé du Paraguay; les contrées voisines recherchent infiniment cette plante. Le tabac et le bois sont encore des objets d'échange avec Buénos-Ayres et le Rio de la Plata. Malgré les soins du dictateur, l'impulsion qu'il donne à son peuple n'étant pas excitée par l'exemple de l'industrie des autres contrées, l'agriculture et la civilisation ne font pas de progrès sensibles dans ses États.

Quand on voit les pasteurs dans ces contrées,

il est difficile de croire que ces hommes descendent des Européens. Rien n'est plus sauvage que leurs mœurs, leurs habitudes et leurs costumes. Ces hommes, devenus nomades, peuplent les pampas ou savanes qui s'étendent à l'ouest jusqu'aux Cordillières, et au sud jusqu'aux montagnes des Patagons. Ce qu'ils ont perdu en intelligence sous tous les rapports, les pasteurs le remplacent par une étrange sagacité dans ce qui concerne leur état. M. d'Azzara a dépeint ainsi l'éducation qu'ils donnent à leurs enfants.

« A peine un garçon a-t-il huit jours que son père ou son frère le prennent dans leurs bras et le promenent à cheval à travers champs, jusqu'à ce qu'il se mette à pleurer, et alors ils le rapportent à la mère, qui lui donne le sein. Ces promenades se répètent fréquemment jusqu'à ce que l'enfant soit en état de monter des chevaux vieux et tranquilles. C'est ainsi qu'il grandit. Jamais il n'entend le son d'une horloge; personne ne lui prescrit une règle ou une mesure sur quoi que ce soit. Ses yeux n'aperçoivent que des lacs, des rivières, des déserts et quelques hommes nus et errants qui poursuivent des bêtes féroces et les taureaux ; il s'accoutume au même genre de vie, à la même indépendance. Les liens sociaux, l'amour de la patrie, lui sont inconnus, aussi bien que les vertus de famille. Aucune instruction n'éclaire son esprit ; accoutumé dès l'enfance à égorger les animaux, il lui paraît naturel d'en faire autant à un homme, souvent même sans motif particulier, et toujours de sang-froid et sans colère, passion presque inconnue dans ces déserts, où il n'y a guère de motif capable de l'exciter. »

A l'occasion, les pasteurs exercent assez franchement les vertus hospitalières, et ne manquent pas d'obligeance pour les voyageurs qui ont recours à leurs services. Toutefois, leur premier abord a quelque chose d'effrayant; ils laissent croître leur barbe, et n'en ont aucun soin. Les mieux vêtus parmi ces hommes portent des culottes, une veste, un gilet, un caleçon bleu, des chaussures et un chapeau; mais les pasteurs de louage s'attachent ordinairement autour des reins, avec une corde, un morceau d'étoffe de laine grossière, appelée *chiripa*. Ils ont avec cela un chapeau, des caleçons blancs et un poncho. Leurs bottes sont faites avec la peau de la jambe d'un poulain ou d'un veau.

Dans leur toilette, les femmes des bergers sont encore plus simples. Une chemise sans manches, retenue par une ceinture autour des reins, suffit à les vêtir. Elles marchent pieds nus, et sont généralement très-malpropres. La cabane qui sert de demeure aux familles répandues dans les pampas est digne du reste de leur genre de vie. Sous un arbre à peine ébauché, on étend quelques peaux pour servir de couche, un banc, une marmite, deux chaises, le baril qui contient l'eau, le petit vase où s'infuse l'herbe du Paraguay, composent l'ameublement des plus favorisés. Une corne de taureau remplace souvent la marmite pour faire cuire les aliments. La chair de bœuf est la seule nourriture des pasteurs; ils ne cultivent aucun légume, et se refuseraient à en manger. Après avoir choisi les parties de l'animal tué qu'ils veulent consommer, le reste gît étendu autour de leur demeure et s'y corrompt progressivement. Une multitude d'oiseaux de proie viennent tournoyer et s'abattre sur ce festin sans cesse renouvelé. Une odeur infecte s'élève de ces charniers. Dans les pâturages administrés avec économie, l'on fait sécher la viande, et elle est livrée à l'exportation.

Une chose assez surprenante, c'est que les jeux de cartes sont presque la seule distraction connue des pasteurs; ils exposent aux chances du jeu la possession de leurs troupeaux, et les perdent avec un rare sang-froid. Cependant si l'adversaire était soupçonné de fraude, un coup de poignard le punirait à l'instant de sa friponnerie.

Quand on se réunit dans une *pulperia* (hôtellerie), la guitare sert ordinairement à charmer les pasteurs; ils boivent de l'eau-de-vie, et chantent alternativement des romances du Pérou, appelées *yarabes* ou tristes, et qui toutes contiennent quelque récit sentimental d'aventures dont les habitants du désert sont les héros.

Souvent ces fêtes se passent sans que les pasteurs descendent de dessus leurs chevaux; ils causent ainsi plusieurs heures, vont à la pêche, entrent dans la rivière pour retirer le filet, puisent de l'eau à un puits, font leur mortier pour bâtir, sans mettre pied à terre. Jamais les pasteurs n'accompagnent les troupeaux dans les pâturages. Chaque propriétaire fait marquer ses bestiaux avec un fer quelques jours après la naissance. Cela fait, des milliers de bœufs et de chevaux s'élèvent dans les pampas, où on les chasse quand on veut s'en emparer pour les tuer. Chaque semaine, cependant, le gardien fait le tour des pâturages, et rassemble, à grands cris et en courant au galop, ses troupeaux dans une plaine, où il les compte de l'œil, puis il rentre dans son oisiveté habituelle.

Quand un berger veut s'emparer d'un taureau, il le poursuit à cheval, et lui jette, au moment où il se trouve à sa portée, un lacet qui s'embarrasse dans ses jambes et le renverse sur-le-champ ; la chute du cheval, dans cette poursuite acharnée, n'est point un danger pour le cavalier. Depuis longtemps il s'est accoutumé à rester debout en pareil cas sans se faire aucun mal. Pour s'aguerrir contre cet inconvénient, les bergers prient souvent une autre personne de renverser leur cheval avec un lacet pendant qu'il va au galop.

La sagacité de ces hommes dans la manière de reconnaître, parmi la multitude des chevaux, ceux qui sont confiés à leur garde, semble incroyable. Il est vrai que toute leur intelligence a été dirigée sur ce point, et qu'à part le soin des troupeaux, on ne saurait tirer aucun parti des pasteurs. Un propriétaire arrive; il donne la surveillance de deux cents chevaux à un gardien : celui-ci les regarde avec une extrême attention, et après cela, il ne s'en perd pas un seul.

Pendant leur vie, il paraît de peu d'importance pour les bergers de remplir leurs devoirs religieux; mais, une fois mort, la famille sait ce qu'elle a à faire pour rendre la paix au défunt. D'abord, et pour s'épargner tout embarras, le cadavre reste exposé dans les champs sous un tas de feuilles sèches recouvertes de pierres. Quand il ne reste plus que le squelette, on porte les ossements à un ecclésiastique pour accomplir la cérémonie funèbre. Si la distance à laquelle on se trouve d'une chapelle n'excède pas vingt lieues, le mort est revêtu des habits qu'il avait coutume de porter. On l'attache sur des bâtons réunis en croix, et, placé sur son cheval, le squelette va ainsi jusqu'à l'église et de là au cimetière.

Les maisons de poste, parcimonieusement distribuées dans les plaines, sont de misérables *posadas* ou chaumières crevassées partout, et d'une telle malpropreté, qu'on n'est jamais tenté d'y chercher un abri. Mais quand on quitte les pampas en approchant des montagnes, la végétation devient plus abondante. Des sources d'eau vive coulent des hauteurs, les villages se groupent entre les bois, les cultures interrompent et varient les produits spontanés de la nature. On arrive enfin au pied des Andes à Mendoza, grande et belle ville, où se trouvent toutes les jouissances de la civilisation.

Le terrain de Mendoza est élevé de quatre cents pieds au-dessus de la mer; des montagnes couvertes de neige dominent de bien haut cette ville. Pendant trois mois de l'année, on retrouve à Mendoza l'hiver européen un peu adouci; mais il y neige et il y gèle quelquefois. Les goîtres y sont très-communs, comme dans les pays où l'on boit de l'eau de neige fondue. Cette maladie n'épargne malheureusement pas la partie élégante et très-civilisée de Mendoza. Pour se faire une idée de la société de cette ville, il faut se rendre le soir sur l'Alameda ou promenade publique. On voit des groupes charmants de jeunes femmes richement vêtues; les familles s'assemblent; on prend des glaces, on mange des fruits et des confitures jusqu'à une heure avancée dans la nuit.

Les montagnes offrent plusieurs passages ou routes naturelles qui sont encore assez difficiles à franchir : celui d'Upsalata est en face de Mendoza; vis-à-vis de Saint-Jean, il y a celui de Potos, et un autre appelé *la Portilla*, situé à trente lieues au sud de Mendoza.

L'entrée de la Portilla ressemble à l'ouverture d'une sombre caverne creusée dans la montagne. Une rivière, qui prend le nom du passage, s'y précipite comme un torrent. Les ondes roulent avec un fracas épouvantable. La rivière descend, et la route est au contraire ascendante. Arrivé au point le plus élevé du passage, toute trace de végétation disparaît, à l'exception d'une plante de l'espèce des fragosas. Alors la neige couvre le sol à une épaisseur de trois pouces; plus haut encore, la terre est tout à fait stérile, et des carcasses d'animaux, conservées là depuis des siècles, attestent que tout être animé risque sa vie en pareil lieu. On est là à douze mille huit cents pieds environ au-dessus de la mer.

Quand la route redescend, elle est longtemps pénible encore. La fragosa recommence bientôt la chaîne végétale sur le revers des Andes. Si la neige survient, il faut s'abriter des nuits entières sous des anfractuosités de rochers; quelques grottes naturelles sont placées çà et là. Heureux le voyageur qui peut en atteindre une pour y passer la nuit, quand la neige et l'orage le menacent à la fois !

Après huit jours de marche, on peut avoir franchi les montagnes et entrer sur le territoire du Chili. Une chaleur suffocante vous saisit quand vous rentrez dans les plaines.

Santiago, capitale du Chili, offre un aspect très-pittoresque; des oliviers, des figuiers, des mimosas entourent sa jolie église et ses riantes maisons isolées dans les plaines ouvertes et incultes; elle s'élève gracieuse et pleine de promesses pour le voyageur. Des tremblements de terre l'ont souvent détruite presque entièrement, et tout le pays environnant porte des traces des efforts convulsifs de cette nature naguère si calme et d'une apparence si indolente. Rien n'est plus effrayant que de marcher sur ce terrain sillonné comme une mer orageuse, et qui semble toujours prêt à rouvrir ses abîmes sous nos pas.

Un des condors, actuellement au Jardin des Plantes, a été pris par le voyageur auquel nous empruntons ces détails, près de Valparaiso, où il est très-commun. On venait de prendre un grand albatros pour la collection : un condor fondit sur lui devant les chasseurs, lui perça un œil et le dévora avec ses plumes et ses griffes en un clin-d'œil. La prise du condor dédommagea le voyageur de la perte de l'albatros.

On peut aller repasser les Cordilières par la Punta-San-Luis, quand on veut éviter les pampas au retour. Des partis d'Indiens, armés en guerre, rendent souvent ces plaines dangereuses.

Les populations qui vivent le long de la base orientale des Andes ont des habitudes d'une simplicité primitive. Un curé exerce un doux empire sur ces âmes simples. Les enfants le servent de bonne volonté. On lui apporte la dîme des fruits, de la chasse et de la pêche. Sa cabane, moins délabrée que les autres, n'a cependant que la terre pour plancher ; le toit est en gazon, et une peau en ferme l'entrée. Une table, deux chaises, un missel et quelques vases composent tout l'ameublement. Une peau repliée pendant le jour sert de couche la nuit. Tout cela cependant suffit au bonheur du pasteur et d'un peuple naïf, dont les demeures touchent les montagnes que l'on vient fouiller des points les plus opposés du globe pour en extraire des trésors.

Tout l'or des Cordilières peut disparaître, ils n'en seront point appauvris, et n'auront rien à changer dans leurs habitudes.

Le déjeûner du curé de Marro-de-San-Jose se compose de matté, sorte de bouillie préparée avec de la farine de maïs; une vieille femme prend soin de l'apprêter chaque jour. Les apprêts du dîner appartiennent à une autre personne. On sert alors au pasteur des viandes, des grains et des fruits. Les muletiers n'oublient jamais de laisser au presbytère un peu de thé du Paraguay, du vin et de l'eau-de-vie en échange des prières et du bon accueil accordés aux caravanes. Cordova, la première ville qui se trouve dans cette direction, est une ville bien bâtie : elle a été ravagée par les Indiens dans la dernière guerre; son commerce s'en ressent encore.

Mais, au lieu de rentrer dans l'intérieur de l'Amérique, nous préférons nous embarquer à Valparaiso, pour aborder à Lima en remontant la côte.

Lima, la capitale du Pérou, est depuis longtemps menacée du même sort que Santiago; sa richesse ne saurait la préserver du danger qu'elle court. De fréquentes secousses ébranlent le sol sur lequel est bâtie la ville, et quelque jour, fort probablement, Lima disparaîtra pour ne plus renaître.

De toutes les mines connues, celles du Pérou sont les plus abondantes; aussi l'or et l'argent ont-ils été prodigués dans les églises. Un jour où l'on attendait un nouveau vice-roi, la principale rue de la ville fut pavée en lingots d'argent pour recevoir l'envoyé d'Espagne.

A cause des tremblements de terre, les maisons sont construites en bois et n'ont qu'un seul étage. Cette disposition fait mieux ressortir les églises et les chapelles qui les dominent. La décoration intérieure de ces édifices est d'une richesse incroyable, et les fêtes des saints donnent lieu à des cérémonies qui ne sont plus connues en Europe que par les traditions du moyen-âge.

Le jour de Saint François est un des plus remarquables par la pompe que déploie à cette occasion l'église placée sous le patronage de ce saint et par l'originalité des cérémonies de la fête. Saint Dominique, revêtu d'habits faits en étoffe d'or et d'argent, est porté par les prêtres, qui l'amènent rendre visite à son collègue dans son église. Saint François est conduit à sa rencontre jusqu'au milieu de la place. Il conserve, lui, son modeste costume de moine; sa tête seulement est environnée de rayons d'argent qui lui forment une brillante auréole. A ses pieds et sur le brancard de la statue, on met une si grande quantité de vases précieux en or et en argent, que dix-huit hommes suffisent à peine pour porter la charge entière.

Les hôpitaux font honneur à l'humanité des habitants de Lima; le bon ordre et l'abondance y règnent; le grand hospice guérit annuellement plus de mille malades. On recueille avec soin les enfants-trouvés; mais là, comme en tout pays, on élève assez mal ces pauvres orphelins.

FIN DU PREMIER VOLUME.

TABLE DES MATIÈRES

CONTENUES DANS LE PREMIER VOLUME.

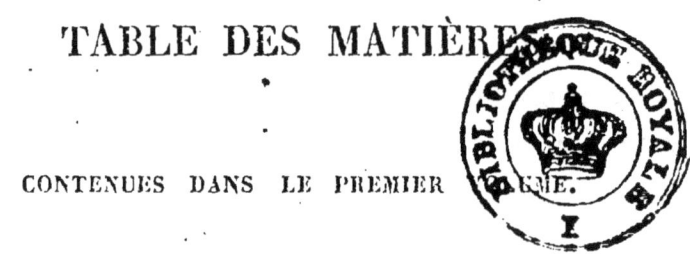

Terre-Neuve. — Le Canada. 1
Les Antilles. — La Guyane. 110
Afrique. (Analyse du Voyage de Caillié) 189
Le Cap. 252
Le Brésil. 254

Imprimerie de DELACOUR et MARCHAND Frères,
rue de Sèvres, 94, à Vaugirard. — Dépôt à Paris, r. St-Jacques, 80.

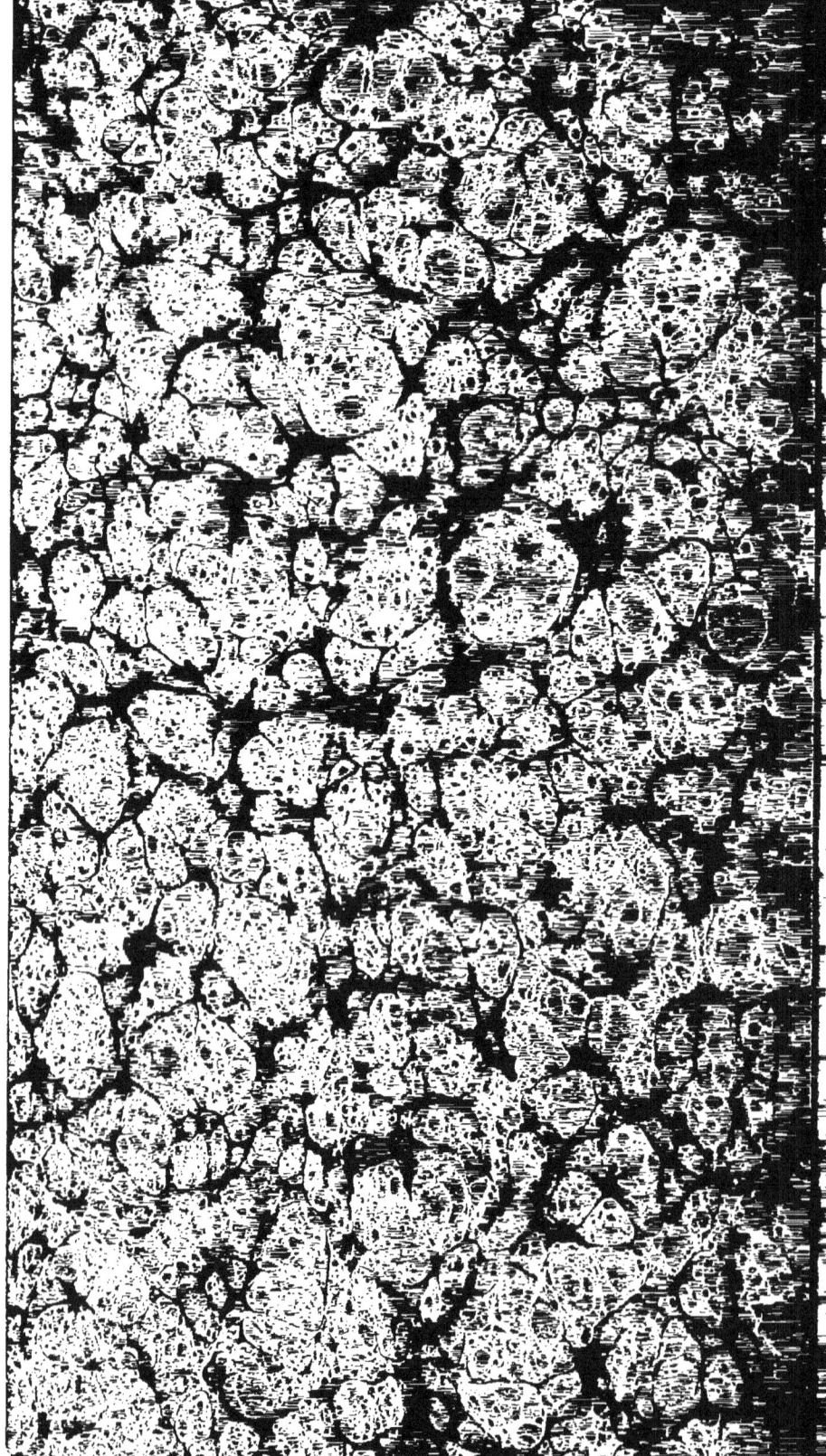

www.ingramcontent.com/pod-product-compliance
Lightning Source LLC
Chambersburg PA
CBHW071338150426
43191CB00007B/772